よくわかる！
保育士エクササイズ

9

障害児保育
演習ブック

松本峰雄 監修　増南太志 編著

ミネルヴァ書房

はじめに

　保育を取り巻く社会情勢が変化するなか、児童福祉の理念を明確化するなどの目的で、2016（平成28）年6月に「児童福祉法」が改正され、それに伴い、「保育所保育指針」「幼稚園教育要領」「幼保連携型認定こども園教育・保育要領」も改定（訂）され、それぞれの関係省庁から2017（平成29）年3月31日に告示されました。

　これを踏まえ、指定保育士養成施設の修業教科目（保育士養成課程）及び単位数並びに履修方法の改正告示が行われ、2019（平成31）年4月1日より適用されることになり、「障害児保育」も目標及び教授内容が変更されました。その目標は、以下のとおりです。

1. 障害児保育を支える理念や歴史的変遷について学び、障害児及びその保育について理解する。
2. 個々の特性や心身の発達等に応じた援助や配慮について理解する。
3. 障害児その他の特別な配慮を要する子どもの保育における計画の作成や援助の具体的な方法について理解する。
4. 障害児その他の特別な配慮を要する子どもの家庭への支援や関係機関との連携・協働について理解する。
5. 障害児その他の特別な配慮を要する子どもの保育に関する現状と課題について理解する。

　残念ながら、障害児・者に対する偏見と差別はなくなったとはいえません。これらをなくすためには、障害に対する正しい理解と認識がまず必要になります。

　本書の内容は、「指定保育士養成施設の指定及び運営の基準について」に準拠しながら、はじめて障害児保育を学ぶ学生により理解しやすいような文章表現で、難しい専門用語には解説を加え、また、理解が進むように図表や事例をあげています。さらに、それぞれのコマの最後に演習課題を設け、より一層の理解が進むように編集し、保育者になった後もこのテキストを活用できるような構成になっています。

　ぜひこの機会に本書で学び、すばらしい保育者を目指してください。

2021年7月

監修　松本峰雄

本書の構成

　本書は、4つの章で構成されており、順番に取り組むことでスムーズな理解を図れるようになっています。

　第1章では、障害児保育を支える理念や基本となる考え方についておさえ、各種の障害や生活課題を抱える子どもの理解や援助方法を学びます。一方、個々の子どもの特徴や援助を学ぶだけでは、保育現場では十分とはいえません。集団のなかでのその子どもの育ちを保障するために、計画的に保育を行うことや、関係する人たち・機関との連携が必要となります。第2章・第3章では、そうした実際の現場で求められる内容について学びます。さらに第4章では、障害児保育の現状と課題を知るとともに、保育場面でみられる事例について、演習などを通して学びます。

　なお、第4章15コマ目の場面事例は、各種の障害や生活課題を抱える子どもに関連づけられるように解説しています。場面事例で具体的な状況をイメージしてから、第1章の内容をみていくというのも効果的な学習方法です。取り組みやすいやり方で学んでいくとよいでしょう。

編著者　増南太志

「指定保育士養成施設の指定及び運営の基準について」における「教科目の教授内容」との対応

本書の構成を「教科目の教授内容」に対応づけると次のようになります。赤色でぬられた枠の部分は、章のタイトルなど大きな括りを示すもので、グレーでぬられた枠の部分は片側の表にしか入っていない項目です。

●本書の構成

第1章	障害児保育を支える理念および障害児等の理解・援助
1コマ目	障害児保育を支える理念
2コマ目	知的障害児の理解と支援
3コマ目	肢体不自由児・重症心身障害児・医療的ケア児の理解と支援
4コマ目	視覚障害児・聴覚障害児の理解と支援
5コマ目	言語障害・場面緘黙のある子どもの理解と支援
6コマ目	発達障害児の理解と支援①：ASD
7コマ目	発達障害児の理解と支援②：ADHD・SLD
8コマ目	生活課題を抱える家庭の子どもの理解と援助
第2章	障害児その他の特別な配慮を要する子どもの保育の実際
9コマ目	子ども同士の関わりと育ち合いと子どもをみる視点
10コマ目	指導計画および個別の支援計画の作成、職員間の連携・協働
第3章	家庭および自治体・関係機関との連携
11コマ目	保護者や家族に対する理解と支援、保護者間の交流や支え合い
12コマ目	障害児支援の制度の理解と地域における自治体や関係機関の連携・協働
13コマ目	小学校等との連携、就学に向けて
第4章	障害児保育の現状と課題および場面事例
14コマ目	特別な配慮を必要とする子どもの保育に関わる現状と課題
15コマ目	支援事例

●教科目の教授内容

1.	障害児保育を支える理念
(1)	「障害」の概念と障害児保育の歴史的変遷
(2)	障害のある子どもの地域社会への参加・包容（インクルージョン）及び合理的配慮の理解と障害児保育の基本
2.	障害児等の理解と保育における発達の援助
(1)	肢体不自由児の理解と援助
(2)	知的障害児の理解と援助
(3)	視覚障害・聴覚障害・言語障害児等の理解と援助
(4)	発達障害児の理解と援助①（ADHD－注意欠陥多動性障害、LD－学習障害等）
(5)	発達障害児の理解と援助②（PDD－広汎性発達障害等）
(6)	重症心身障害児、医療的ケア児の理解と援助
(7)	その他の特別な配慮を要する子どもの理解と援助
3.	障害児その他の特別な配慮を要する子どもの保育の実際
(1)	指導計画及び個別の支援計画の作成
(2)	個々の発達を促す生活や遊びの環境
(3)	子ども同士の関わりと育ち合い
(4)	障害児保育における子どもの健康と安全
(5)	職員間の連携・協働
4.	家庭及び自治体・関係機関との連携
(1)	保護者や家族に対する理解と支援
(2)	保護者間の交流や支え合いの意義とその支援
(3)	障害児支援の制度の理解と地域における自治体や関係機関（保育所、児童発達支援センター等）の連携・協働
(4)	小学校等との連携
5.	障害児その他の特別な配慮を要する子どもの保育に関わる現状と課題
(1)	保健・医療における現状と課題
(2)	福祉・教育における現状と課題
(3)	支援の場の広がりとつながり

注：3.の「(2) 個々の発達を促す生活や遊びの環境」「(4) 障害児保育における子どもの健康と安全」は、どのような障害特性があるかによって内容が変わってくるとともに、まとめて1コマ分としてしまうと内容が抽象的なものになってしまうため、2～8コマに含まれる内容として扱っている。

CONTENTS

第**4**章

障害児保育の現状と課題および場面事例

本書の使い方
❶まず、「今日のポイント」でこのコマで学ぶことの要点を確認しましょう。
❷本文横には書き込みやすいよう罫線が引いてあります。授業中気になったことなどを書きましょう。
❸語句説明、重要語句やプラスワンは必ずチェックしましょう。
❹授業のポイントになることや、表、グラフを見て理解してほしいことなどについて、先生のキャラクターがセリフでサポートしています。チェックしましょう。
❺おさらいテストで、このコマで学んだことを復習しましょう。おさらいテストの解答は、最初のページの「今日のポイント」で確認できます。
❻演習課題は、先生にしたがって進めていきましょう。一部の課題については巻末に答えがついていますが、あくまで解答の一例です。自分で考える際の参考にしましょう。

✖ ✖ ✖

第1章

||||||||||||||||||||||||||||||||||||||||||||||||||

障害児保育を支える理念
および障害児等の理解・援助

この章では、障害児保育を支える理念や、障害等によって課題を抱える
さまざまな子どもたちについて学びます。障害児保育の取り組みの
土台となる理念をおさえ、障害児等の特徴を理解し、保育現場において
どのような援助ができるのかを理解していきましょう。

障害児保育を支える理念

1 「障害」の概念と障害児保育の歴史的変遷

1 「障害」の概念

そもそも「障害」とは何でしょうか。それをどのようにとらえるかによって、障害のある子どもへの見方も変わってきます。ここでは障害に対する2つの概念として、国際障害分類（ICIDH*）と国際生活機能分類（ICF*）を紹介します。

ICIDHは、世界保健機関（WHO)*が1980年に発表した分類です（図表1-1）。

ICIDHでは、障害を「機能・形態障害」「能力障害」「社会的不利」に分類します。たとえば、「脳性まひ」という運動に関する障害について考えてみましょう。ICIDHでは、脳性まひ（疾患・変調）により、足にまひがある（機能・形態障害）ため移動が困難（能力障害）となり、買い物などが難しくなる（社会的不利）と解釈することができます。

ICIDHが発表された当時は、それまで漠然としていた「障害」を概念的にわかりやすく示すことができたため、画期的なものだったといえます。しかし、「機能・形態障害」から「能力障害」、「能力障害」から「社会的不

図表1-1　国際障害分類（ICIDH）

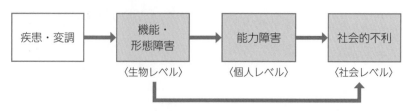

出典：上田敏「新しい障害概念と21世紀のリハビリテーション医学──ICIDHからICFへ」『リハビリテーション医学』39、2002年、123-127頁をもとに作成

利」になるというとらえ方であったため、障害のある人が受ける不利益の原因は、病気などのある本人の心身の機能・形態障害にあるとみなされました。その結果、社会や環境の影響（たとえば、障害に対する否定的な意識、不十分な設備など）によって障害のある人に不利益が生じていたとしても、ICIDHではそのことが考慮されませんでした。

それに対し、WHOによって2001年に発表されたICFは、ICIDHの問題点を見直し、障害の本質をとらえた分類となっています（図表1-2）。

ICIDHでは「障害」そのものを分類していましたが、ICFでは、「生活機能」を「心身機能・身体構造」「活動」「参加」として分類しています。そして、「障害」を「生活機能」が何らかの理由で制限された状態とします。その生活機能に影響する背景因子として、環境因子と個人因子があります。ICFでは、「参加」の状態を重視しており、「心身機能・身体構造」や「活動」に何らかの制限があったとしても、環境因子がそれを補うことで、「参加」が可能になると考えます。

先ほどの「脳性まひ」を例として考えてみましょう。「脳性まひ」（健康状態）により、足にまひがある（心身機能・身体構造）ため移動が困難（活動）ですが、性能のよい車いすや近所の人の支えなど（環境因子）により、買い物が可能になる（参加）と解釈することができます。

また、ICFでは、それぞれの矢印が双方向となっています。たとえば、買い物が可能になる（参加）ことによって、「ほかにもできることがあるかもしれない」と本人のモチベーションが高まったり、周囲の人の本人に対する意識が変化する（環境因子）ことも考えられます。このように、ICFでは、それぞれの構成要素間の相互作用を重視しています。

ICFでは、生活機能を分類としているため、必ずしも障害だけを表現し

図表 1-2　国際生活機能分類（ICF）

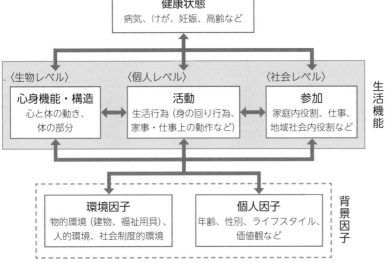

出典：図表1-1と同じ

たものではありません。高齢者、子ども、妊産婦など、あらゆる人の生活の状態を表現することができます。保育現場では、虐待を受けた子どもなど生活課題を抱える家庭の子どももいます。そのような子どもは、環境に関わる問題の影響により「参加」の問題が起きると考えることができます。なお、こうした子どもを含めて何らかの支援が必要な子どもを、特別な配慮を必要とする子ども（➡14コマ目を参照）といいます。

2 障害児保育の歴史的変遷

現在の障害児保育の課題を把握するためには、日本の障害児の教育・保育の歴史的変遷を理解することが大切です。ここでは障害児教育と障害児保育の歴史的変遷をみていきます。図表1-3の年表で、その内容を確認しておきましょう。

① 障害児教育の歴史的変遷

日本で最初の障害児のための教育の場は、1878年に開設された京都盲唖＊院です。京都盲唖院は、盲教育・聾教育を行うために古河太四郎＊によって設立された学校です。なお、盲は視覚障害、聾は聴覚障害に含まれます。この京都盲唖院が障害児教育のはじまりとされています。その一方で、知的障害児や肢体不自由児に対する教育は遅れており、就学猶予・就学免除の対象になりました。つまり、本来教育が必要な子どもであるにもかかわらず、知的障害児や肢体不自由児を教育の対象から除外していたのです。なお、障害児に対する就学猶予・就学免除の制度がなくなったのは、1978年です。

1947年には、「学校教育法」と「教育基本法」が制定されました。これらの法律により、普通小・中学校が義務教育となり、1948年には、盲学校・聾学校が義務教育となりました。それに対し、養護学校の義務制が施行されたのは1979年です。

② 障害児保育の歴史的変遷

障害児保育のはじまりは、1916年に京都市立盲唖院の聾唖部に幼稚科が設置されたことです。その後も、視覚障害児や聴覚障害児のための幼稚園が創設されてきました。1947年の学校教育法の制定により、盲・聾・養護学校に幼稚部が法的に認められましたが、知的障害や肢体不自由児を対象とした保育は行われませんでした。このように、障害児に対する教育・保育は、一部を除いて十分にはなされていませんでした。

1974年に、厚生省（現・厚生労働省）の「障害児保育事業実施要綱」により、障害児を保育所に受け入れて保育することが認められました。これが保育所における障害児保育のはじまりです。しかし、このときの対象はおおむね4歳以上であり、障害の程度が軽く集団保育が可能な軽度のものという制限がありました。また、障害児の受け入れは、指定された保育所のみとなっていましたが、その後1978年に、障害児保育事業実施要綱の制限が見直されました。具体的には、年齢制限が撤廃され、障害の程度は中程度までとなり、指定された保育所以外の受け入れも可能となりました。

図表 1-3　障害児に関わる法制度や出来事の年表

年号	法制度や出来事
1878	京都盲啞院（視覚障害児・聴覚障害児の学校）の開設（障害児教育のはじまり）。
1886	「第 1 次小学校令」に、疾病・家計困窮・その他やむをえない事故の場合は就学猶予となることが規定される（就学猶予制度の導入）。
1890	「第 2 次小学校令」に、貧窮・疾病・その他やむをえない事故の場合は就学猶予または就学免除となることが規定される（就学免除制度の導入）。
1891	石井亮一が孤女学院（現・滝乃川学園）を設立（日本初の知的障害児施設）。
1900	「第 3 次小学校令」において、就学猶予に「病弱または発育不全」等も対象とされ、就学免除に「重度の知的障害または重度障害」も対象となることが規定される（就学猶予・就学免除の対象に障害児が含まれる）。
1909	脇田良吉が京都府に白川学園（知的障害児施設）を設立。
1916	京都市立盲啞院の聾啞部に幼稚科設置（障害児保育のはじまり）。
1921	柏倉松蔵が柏学園を設立（日本初の肢体不自由児学校）。
1923	「盲学校及聾啞学校令」（視覚障害・聴覚障害に対する公的な学校制度の成立）。
1926	京都聾口話幼稚園を創設。
1927	東京盲学校に幼稚園（初等部予科）を設置。
1932	高木憲次*が光明学校（肢体不自由児学校）を設立。
1938	恩賜財団愛育会愛育研究所に第 2 研究室「異常児保育研究室」を設置（知的障害児に対する日本初の実践研究機関）。
1941	「国民学校令」施行により、貧困に対する就学猶予・就学免除制度を廃止。心身異常児童のための特別の養護施設ができる。
1942	高木憲次が整肢療護園（肢体不自由児施設）を設立。
1946	「日本国憲法」公布。 糸賀一雄*が近江学園（知的障害児施設）を設立。
1947	「学校教育法」「教育基本法」公布（養護学校を規定）。 ・普通小学校・中学校が義務教育となる。 ・盲学校・聾学校・養護学校のそれぞれに幼稚部を置くことができる。 「児童福祉法」公布。 ・保育所、精神薄弱（知的障害）児施設、療育施設などが児童福祉施設となる。
1948	「学校教育法」「教育基本法」一部改正。盲学校・聾学校は義務教育化されたが、養護学校の義務制は含まれなかった。
1949	「身体障害者福祉法」制定。
1950	「児童福祉法」改正により、療育施設を虚弱児施設と肢体不自由児施設とに明確化。
1951	「社会福祉事業法」（現・社会福祉法）制定。 「児童憲章」が制定され、「すべての児童は、身体が不自由な場合、または精神の機能が不十分な場合に、適切な治療と教育と保護が与えられる」と明記。
1956	「公立養護学校整備特別措置法」公布により、養護学校の設置に対し、国から義務教育学校と同様の補助が受けられることとなる。
1957	「児童福祉法」一部改正により、知的障害児通園施設を明記。この施設が、就学免除・就学猶予対象の知的障害児を受け入れる。 「学校教育法」改正により、養護学校への就学を就学義務の履行とみなすことを規定。
1960	「精神薄弱者福祉法」制定（現・知的障害者福祉法）。
1961	小林提樹が島田療育園（現・島田療育センター）を設立（日本で初めて認可された重症心身障害児施設）。
1963	糸賀一雄が重症心身障害児施設「びわこ学園」を設立。

高木憲次
1888～1963年
整形外科医で、肢体不自由児の父と呼ばれている。1932年に肢体不自由児のための光明学校を開設、1942年に肢体不自由児施設である整肢療護園を開設するなど、肢体不自由の療育に尽力した。

糸賀一雄
1914～1968年
障害児のための近江学園やびわこ学園などの施設を開設した。重度の知的障害者や心身障害児・者を発達主体者として位置づけ、その発達の可能性に着目し、「発達保障」の必要性を主張した。また、「この子らを世の光に」の理念を提唱した。

プラスワン

近江学園
戦災孤児・浮浪児と精神遅滞児の施設であったため、児童養護施設であり知的障害児施設でもあった。

児童憲章
児童の福祉を図るために国民が守る約束事のようなものであり、法律ではないため、法的拘束力はない。しかし、児童の福祉や教育を考えるうえでの基本的な原則となっている。

1964	「重度精神薄弱児扶養手当法」（現・特別児童扶養手当等の支給に関する法律）制定。
1970	「心身障害者対策基本法」（現・障害者基本法）公布により、心身障害者福祉に関する施策の基本的事項を規定。
1974	「障害児保育事業実施要綱」により、障害のある子どもを保育所に受け入れて保育することが国によって正式に認められた。
1978	就学猶予・就学免除は原則として廃止となり、重度・重複障害児も就学できるようになる。 「障害児保育事業実施要綱」は、制限が厳しく、入園が難しい障害児が多いため、見直しが図られる。
1979	養護学校の義務制を実施。
1981	国連総会が1981年を「国際障害者年」と宣言し、ノーマライゼーションの理念が広まる。
1982	「障害者対策に関する長期計画」が策定され、施設が小規模化される。
1995	「障害者プラン～ノーマライゼーション7か年戦略」策定。
2000	「特別保育事業実施要綱」により、障害児保育が特別保育事業の一つとして組み込まれる。
2002	障害者基本法に基づき、「障害者基本計画」策定（2003～2012年度）。
2003	「今後の特別支援教育の在り方について（最終報告）」が示され、従来の「特殊教育」から「特別支援教育」への転換が図られる。
2004	「発達障害者支援法」制定。
2005	「障害者自立支援法」（現・「障害者総合支援法*」）制定。
2006	国連総会で「障害者の権利に関する条約」が採択され、「合理的配慮」が求められる。
2007	「学校教育法」に「特別支援教育」が位置づけられ、すべての学校において、障害のある幼児・児童・生徒の支援を充実していくこととなる。 盲・聾・養護学校が特別支援学校となる。
2011	「障害者基本法」が改正され、「地域社会における共生」「差別の禁止」などが規定される。 「障害者虐待防止法*」成立。
2012	「児童福祉法」改正。重複障害に対応、障害児施設・事業の一元化により通所・入所など利用形態別となる。支援対象を発達障害や医療的ケアなどにも拡大。
2013	「障害者差別解消法*」制定（2016年施行）。
2014	日本が「障害者の権利に関する条約（障害者権利条約）」に批准。

2 障害のある子どもの地域社会への参加・包容（インクルージョン）

1 ノーマライゼーションとインクルージョン

　障害児保育の歴史的変遷でみてきたように、障害児に対する教育・保育は、障害のない子どもに比べて遅れており、特に知的障害児や肢体不自由児に対する教育については遅れる傾向にありました。障害児・者に対する考え方が大きく変化したのは、ノーマライゼーションの理念が世界的に広まったことが影響しています。

　ノーマライゼーションとは、障害者や高齢者などの社会的弱者*とされる人たちが、そのような状態にない健常者と同等の生活を送ることができ、

ともに生きていける社会こそが正常であるとする考え方です。障害のある人を変えていこうとするのではなく、障害のある人たちが生活しやすいように「周りが変わっていく」という視点をもっています。1950年代にデンマークのバンク＝ミケルセンが提唱した理念であり、1960年代にスウェーデンのニィリエが、ノーマライゼーションの原理を発表したことによって世界に広がりました。日本では、1981年の国際連合による「国際障害者年」を機に、ノーマライゼーションの理念が広まりました。

　ノーマライゼーションの理念は、インクルージョンという現代の障害児教育・保育に関わる考え方に影響を与えています。インクルージョン*とは、誰もが社会のなかに包み込まれ、決して排除されない社会を目指す考え方です。さらに、インクルージョンを実践した教育・保育のことを、インクルーシブ教育・保育といいます。

2　インクルーシブ教育・保育

　これまで障害児への教育・保育は、盲・聾・養護学校（現・特別支援学校）や障害児の施設など、障害のない子どもたちとは異なる場で行われていました。これを分離教育や分離保育といいます。

　現在の障害児の教育では、ノーマライゼーションの理念を実現するため、障害児と健常児を同じ場で教育するという統合教育が実践されるようになりました。しかし、統合教育では、障害児への十分な配慮はなく、健常児を中心とした教育に障害児を入れるだけの教育である場合も多く、障害児が健常児の集団への無理な適応を求められるという問題がありました。こうした背景から、インクルーシブ教育が注目されるようになりました。

　障害児の保育においても、1980年代以降、統合保育が取り組まれてきました。しかし、やはり健常児集団を前提とした保育に障害児を入れていこうとする実践となっていたため、インクルーシブ保育への転換が必要になりました。

　統合教育・保育のように、健常児のための教育・保育に障害児が適応することを強いられる状態は、障害児を本質的に受け入れているとはいえません。むしろ、障害児を含めさまざまな子どもがいることを認め、あらゆる子どもに適した教育・保育を行うことが大切です。インクルーシブ教育・保育では、そもそもすべての子どもが一人ひとり異なるという前提のもと、それぞれに合った個別的な支援を行おうとするものです。

3　合理的配慮の理解と障害児保育の基本

1　障害児・者の権利と合理的配慮

　インクルーシブ教育・保育は、一人ひとり異なるすべての子どもたちを社会の一員として包み込もうとするものです。この考えに至る背景には、障害児・者の権利に対する考え方が変わってきたことが影響しています。

> 健常者と同等の生活を送るということは、自分の意思で行きたいところに行ったり、施設や設備を利用できたり、ほかの人と同じ場で同じように教育を受けられるなど、多くの人が当たり前にできる生活のことをいいます。

1コマ目　障害児保育を支える理念

重要語句

社会的弱者

→障害の有無、人種・国籍の違い、性別、年齢などによって不利な立場にいる人々。

プラスワン

ノーマライゼーションの原理

通常の生活パターンを、①1日のノーマルなリズム、②ノーマルな生活の日課、③1年のノーマルなリズム、④ノーマルな発達的経験の機会、⑤ノーマルな選択や要望の尊重、⑥異性との関係、⑦ノーマルな経済水準、⑧ノーマルな環境水準の8つの原則として示した。

障害児・者の権利保障に関する取り組みとして、2006年に国連総会において、「障害者権利条約*」が採択されたことがあげられます。「障害者権利条約」では、「障害」は障害者自身ではなく、社会がつくり出しているという「社会モデル」の考え方を反映しています。また、「障害者権利条約」第2条において、障害者に「合理的配慮」をしないことは差別になるとしています。「合理的配慮」とは、障害のある人から「配慮を必要としている」との意思表示があった場合に、配慮をする側の負担が重すぎない範囲で対応することです。つまり、障害児・者に対して、必要とされた配慮をしないこと自体が差別に当たります。

なお、日本は、2014年に「障害者権利条約」に批准しました。また、この批准に至るまでに行われた法整備として、2011年に「障害者基本法」の改正と「障害者虐待防止法」が成立して、2013年には「障害者差別解消法」が制定されました。

「障害者差別解消法」では、障害の有無によって分け隔てられることなく、すべての国民が共生する社会の実現を目的とし、①障害を理由とする「不当な差別的取り扱い」の禁止、②障害者への「合理的配慮」の提供が求められています。「不当な差別的取り扱い」と「合理的配慮をしないこと」および「合理的配慮」の例は図表1-4のとおりです。

図表1-4 「合理的配慮」の例

✕「不当な差別的取り扱い」の例

・障害があることを理由に保育所での受け入れを拒否される。

・通っている保育所で、障害があることを理由に、同年代の子どもたちが参加する活動に参加させてもらえない。

・製作などの活動で、知的障害があって説明しても理解できないだろうという理由で、見学だけさせられる。

✕「合理的配慮をしないこと」の例

・言葉の聞き取りが難しい子どもに声だけで話をする。

・見ることが難しい子どもにプリントを渡すだけで説明しない。

・すぐに注意がそれてしまう子どもへの対応が、よそ見をしたら注意するだけとなっている。

〇「合理的配慮」の例

・言葉の聞き取りが難しい子どもには、絵カードなどの視覚的な手がかりを使いながら説明する。

・見ることが難しい子どもには、視覚以外の情報も使って説明する。

・注意がそれやすい子どもには、不要なものを取り除くなどして、集中しやすい環境をつくる。

図表 1-5　ユニバーサルデザイン

時計が読めないから、絵で描いてあるとわかりやすい。

時計は少しわかるけど、自信がないから、絵があると助かる。

▎2▎障害児保育の基本

　障害児保育では、「ノーマライゼーション」「インクルージョン」などの基本理念に基づき、インクルーシブ保育を踏まえて実践していくことが大切です。以下はそのための重要な視点です。

① 合理的配慮やユニバーサルデザインへの取り組み

　インクルーシブ保育を実現するためには、障害のある子どもがあらゆる保育活動に参加し、障害のない子どもとともに育ち合えるよう、環境側に配慮が必要です。保育の活動を考えるうえでは、すべての子どもが参加できるように、**ユニバーサルデザイン**＊の視点をもつことが大切です。たとえば、言葉による説明だけでは理解が難しい子どもがいる場合に、言葉による説明と、絵カードなど視覚的な手がかりを用いた説明の両方を用意します。視覚的な手がかりは、その子どものための合理的配慮ですが、言葉による説明と視覚的な手がかりによる説明の両方を用いることは、すべての子どもを参加しやすくするという点でユニバーサルデザインといえます（図表 1-5）。このような工夫は、インクルーシブ保育の実現につながっていきます。

② 発達支援の考え方

　障害のある子どもの保育は、それぞれの状態に合わせて個別の目標をもちますが、基本的生活習慣を確立するなど、幼児期全体としての目標は共通しています。障害があるからと特別視するのではなく、ほかの子どもと同じ目標をもって保育し、そのために必要な個別の支援を行っていきます。その際、基本的生活習慣や言葉などをほかの子どものようにスムーズに獲得できないかもしれませんが、子どもの育ちの可能性を信じて、今できることと少し援助があればできることを見極め、必要な発達支援をしていきます。特に、**スモールステップ**＊で活動を細分化し「自分でできた」という達成感や満足感を味わえるようにしながら支援することが大切です。

③ 支援体制、協働する仕組みづくり

　障害のある子どもを保育するうえで、担任の保育者が一人で抱え込むのではなく、園全体で支援する体制をつくっていくことが大切です。また、障害に関わる専門機関との情報交換などをとおして、保育所ではどのような対応を行っていくべきかなど、役割を明確にしていけるよう、各種の専

重要語句

ユニバーサルデザイン

→誰もが使いやすい製品や環境をデザインすること。保育場面においても、すべての子どもが参加できるように活動を構成すること。

語句説明

スモールステップ

→達成すべき目標を細分化し、小さな目標を一つひとつ達成することで、全体の目標を達成していく手続き。

門機関との連携体制を整えることも重要です。

 4 ## 障害児その他の特別な配慮を要する子どもの保育に関わる課題

■1■ 発達障害の早期発見・早期支援

　保育所・幼稚園・認定こども園には、発達障害の特性があっても診断されていない子どもがいるケースがあります。そもそも発達障害は気づかれにくい障害であり、通常の乳幼児健康診査だけでは見つけられないこともあります。加えて、特に学習障害などは未就学児だとまだ診断がつかないことも多いのです。子どもの特性にいち早く気づき、早期の支援につなげるためには、保育者が、発達障害のある子どもの特性について把握しておくことが大切です。また、子どもを早期支援につなげるために、どのような制度があるのかを押さえておくことも重要です。

■2■ さまざまな子どもへの対応

　保育所・幼稚園・認定こども園では、生活課題を抱える子どもや医療的ケアが必要な子どもの支援をしていくこともあります。保育者だけでは、対応が困難なケースも多いため、それぞれの子どもに関わる専門機関との連携が不可欠です。支援すべき子どもに対してどのような専門機関があるのか、またそれらの機関との連携において保育者はどのような役割を担うのかを把握することが大切です。

■3■ 縦の連携と横の連携の充実

　子どもは年齢に応じて、乳幼児期から小学校、中学校、高等学校へと進んでいきます。特別な配慮を必要とする子どもは、それぞれの段階に応じた支援が必要であり、前の段階から次の段階へと適切に支援がつなげられることが大切です。このようなライフステージに応じた切れ目のない支援を縦の連携といいます。また、各段階において、その子どもが生活する地域の関係機関によって確立される支援体制を横の連携といいます。障害のある個々の子どもに対して適切な支援を行うためには、この縦の連携と横の連携を充実させる必要があります。

おさらいテスト //

❶ 環境の影響を考慮した障害の分類を [　　　　　] という。
❷ 個々に異なる子どもたちを包み込む保育を [　　　　　] という。
❸ 障害児・者に対して [　　　　　] の提供が求められている。

//

演習課題 ✎

事例を ICF で考えてみよう

- -

　下記の事例を読み、ICFの各項目にどのような内容が入るのかを考え、ICFの「現状」に書いてみましょう。また、この子どもを製作に参加しやすくするためにどのような環境的配慮が考えられるでしょうか。その改善案を「改善」に書いてみましょう。

事例　全般的に発達の遅れがある子ども

　5歳の女児。診断はないものの、全体的に発達の遅れがあります。特に、ものごとを一時的に記憶することが難しく、製作などの手順がある活動では、その手順を覚えておくことができません。また、わからないことがあっても保育者に確認しようとせず、何もしないままほかの子どもがつくっている様子を眺めているだけになってしまいます。

①現状

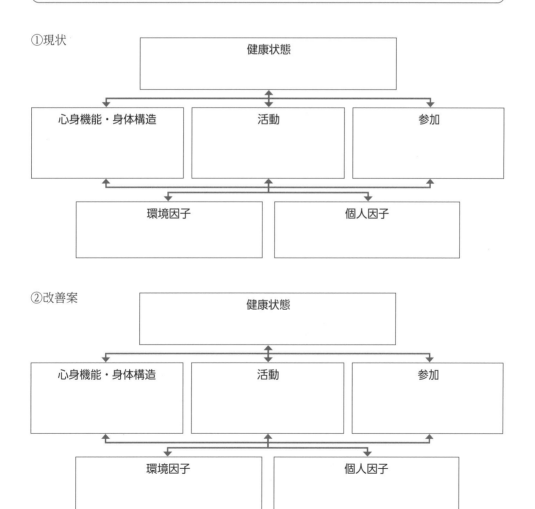

②改善案

ノーマライゼーションの理念について考えよう

　日本では1981年にノーマライゼーションの理念が普及しはじめたとされています。この年の周辺で、日本の制度に関してどのような動きがあったのでしょうか。ノーマライゼーションの理念が、障害児・者に関わる法律・制度に与えた影響を、図表1-3（11-12頁）の年表やさまざまな資料をもとに調べてみましょう。

演習課題

「不当な差別的取り扱い」
「合理的配慮」について考えよう

　本書を参考に、「不当な差別的取り扱い」や「合理的配慮をしないこと」について身近な例をとりあげてみましょう。また、それらの改善策をグループで話し合ってまとめましょう。

〈個人ワーク〉
① 「不当な差別的取り扱い」の身近な例

② 「合理的配慮をしないこと」の身近な例

〈ディスカッション〉
「不当な差別的取り扱い」「合理的配慮をしないこと」への改善策

知的障害児の理解と支援

今日のポイント

1. 知的障害は、知的機能の欠陥と適応機能の欠陥がある。
2. 知的障害の程度は、知能指数と日常生活能力水準によって決まる。
3. 知的障害は、運動、言語、認知など、全般的な発達に遅れがある。

1 知的障害とは

1 知的障害とはどのような障害か

　知的障害のある子どもは、運動、言語、認知などさまざまな面で遅れがみられます。たとえば、保育所において、ほかの子どもが友だちと集団遊びやルールのある遊びをするのに対し、その子だけいつも一人遊びを楽しんでいたり、その遊び方自体も積み木を崩すだけの単純な遊びをしているなど、同年齢の子どもよりも幼い様子がみられます。また、ほかの子どもが言葉でやりとりをするのに対し、知的障害のある子どもは、知っている言葉が少なかったり、何かをいう場合も「みかん」「いぬ」などの単語ではなく「あー」「うー」などで表現する様子がみられることもあります。このように、知的障害のある子どもは、同年齢の子どもに比べて、全般的に発達の遅れがみられます。

　では知的障害は、具体的にどのような状態をいうのでしょうか。アメリカ精神医学会が定める診断基準である『DSM-5 精神疾患の診断・統計マ

プラスワン

診断基準
知的障害や発達障害の診断基準として、アメリカ精神医学会によるDSMのほか、WHOによる国際疾病分類（ICD）がある。

ほかの子どもと遊び方に違いがあり、一人だけ積み木を崩すことを楽しんでしまう。

図表 2-1　DSM-5 による知的障害

知的機能の欠陥	論理的にものごとを考える、問題解決をする、適切に判断する、学習するなどの知的活動において必要な力に欠陥がある状態。知能検査によって知能指数（IQ）として測定される。
適応機能の欠陥	概念的スキル、社会的スキル、実用的スキルという 3 つの領域における欠陥がある。IQ 値だけでは、子どもの実際の能力を正確にとらえることは難しく、適応機能に基づく判断も必要である。
発達期に発症	知的機能の欠陥と適応機能の欠陥が 18 歳未満の発達期にみられる。

図表 2-2　適応機能の例

概念的スキル	記憶、言語、読字、書字、数学、実用的知識、問題解決、新規場面における判断など。
社会的スキル	他者の思考・感覚・経験への意識、共感、対人コミュニケーションスキル、交友能力、社会的判断など。
実用的スキル	身辺処理、仕事、金銭管理、余暇、行動の自己管理、学校や仕事における課題の管理など。

ニュアル 第 5 版』（以下、DSM*-5）によると、図表 2-1 の 3 つを満たした場合に知的障害と診断されます。

　すなわち、知的機能の欠陥と適応機能の欠陥の両方が、18 歳未満の発達期にみられる状態です。また、これらの症状のために、学習や社会生活に支障をきたします。知的機能が知能検査によって測定される知能指数（IQ）を表すのに対し、適応機能は概念的スキル、社会的スキル、実用的スキルという日常生活で必要とされるスキルを表します（図表 2-2）。

　日本の法律では、知的障害を定義しているものはありません。しかし、知的障害のある子どもを支援するためには、知的障害であることを示す必要があるため、DSM-5 などによる知的障害の診断が行われます。また、法律上の定義はありませんが、知的障害の程度についても目安が示されており、それについては後述します。

2　知的障害の原因

　知的障害の原因は多岐にわたりますが、それらは大きく分けると、病理的要因、生理的要因、心理社会的要因に分類されます。それぞれの特徴は図表 2-3 のとおりです。

　知的障害のある子どもは、原因が明らかでない場合が多くあります。原因が明確とされている病理的要因であっても、なぜその原因が生じたのかは不明なことが多いのです。たとえば、ダウン症*は、21 番目の染色体が 3 本（通常は 2 本）ある染色体異常で、知的障害や心疾患、筋肉の緊張度の低さをともなうことが多いとされています。ダウン症は染色体異常によって知的障害となっていますが、なぜ染色体異常が起きたのかは明確にはなっていません。現在のところ、母親の出産年齢が高いほどダウン症の

2 コマ目 知的障害児の理解と支援

語句説明

DSM

→Diagnostic and Statistical Manual of mental disorders の略。

プラスワン

知的障害

DSM-5 では、「知的能力障害（知的発達症／知的発達障害）」などの用語が用いられている。

知能検査

ウェクスラー式知能検査や田中・ビネー知能検査がある。

語句説明

ダウン症

→21 番目の染色体が 3 本（通常は 2 本）ある。特徴的な顔貌であり、筋肉の緊張度が低く、心疾患をともないやすい。知的障害をもちやすく、全般的に発達がゆっくりである。個人差はあるが、明るく人懐っこい半面、頑固で気持ちの切り替えが難しいことが多い。

図表2-3　知的障害の原因

病理的要因	脳に何らかの病理的な要因があるために知的障害となったケース。知的障害の程度は比較的重い場合が多い。染色体異常（ダウン症など）、代謝異常（フェニルケトン尿症など）、出生前ウイルス感染（インフルエンザ脳症など）などがある。
生理的要因	知的機能が平均の範囲を大きく下回り、その原因が特定できるものではないケース。知的障害の程度は比較的軽い場合が多い。
心理社会的要因	虐待や放置など、劣悪な環境のなかで育ったために知的発達が遅れているケース。

子どもが生まれる確率が高くなることが知られているだけです。したがって、誰の子どもであっても、知的障害のある子どもが生まれる可能性はあります。

2　知的障害児の特徴

1　知的障害の程度

　知的障害のある子どもは、全般的な発達の遅れがあることは共通していますが、その程度は個々に異なり、必要な支援も変わってきます。知的障害の程度については、厚生労働省による2005年度「知的障害児（者）基礎調査」に示されています。この調査では、知的障害を「知的機能の障害が発達期（おおむね18歳まで）にあらわれ、日常生活に支障が生じているため、何らかの特別の援助を必要とする状態にあるもの」としています。そして、知的障害の判断基準は下記（a）および（b）のいずれにも該当するものとされています（出典：厚生労働省ホームページ「知的障害児（者）基礎調査」https://www.mhlw.go.jp/toukei/list/101-1c.html）。

（a）「知的機能の障害」について
標準化された知能検査（ウェクスラーによるもの、ビネーによるものなど）によって測定された結果、知能指数がおおむね70までのもの。
（b）「日常生活能力」について
日常生活能力（自立機能、運動機能、意思交換、探索操作、移動、生活文化、職業等）の到達水準が総合的に同年齢の日常生活能力水準（図表2-4）のa、b、c、dのいずれかに該当するもの。

　日常生活能力水準は、年齢別に判断の目安（排泄等の介助の必要性や言葉の理解の程度など）が示されており、aであるほど障害の状態が重くdであるほど軽いことを意味します。
　知的障害の程度は、知能指数と日常生活能力水準によって図表2-4のように、軽度、中度、重度、最重度に分類されます。子どもの知的障害の

図表 2-4　知的障害の程度

IQ ＼ 生活能力	a	b	c	d
Ⅰ（IQ　〜20）	最重度知的障害			
Ⅱ（IQ　21〜35）	重度知的障害			
Ⅲ（IQ　36〜50）	中度知的障害			
Ⅳ（IQ　51〜70）	軽度知的障害			

出典：厚生労働省ホームページ「知的障害児（者）基礎調査：調査の結果」(https://www.mhlw.go.jp/toukei/list/101-1c.html 2021 年 1 月 14 日確認)

程度が軽度・中度であれば、身辺処理、移動、簡単なコミュニケーションはおおむね可能であり、保育所で保育を受けます。それに対し、重度・最重度であれば日常生活の多くの場面で援助が必要であり、児童発達支援センターなどの療育機関で保育を受けます。

2　主な特徴

　知的障害のある子どもの特徴は、運動、言葉、認知など多くの面で、同年齢の子どもたちよりも発達が遅れていることです。

① 運動

　知的障害のある子どもは、首のすわり、ずりばい、座位保持など、乳児期の早い段階の運動から発達の遅れがあります。個人差はあるものの、知的障害のない多くの子どもが幼児期に獲得する基本運動（走る、跳ぶ、投げるなど）を学齢期になっても獲得できないなど、全般的に運動面の発達が遅れます。また、筋肉の発達がゆっくりで、身体に力が入りにくい、手足の動きや歩き方などがぎこちない、手先が不器用などの様子がみられます。日常生活においても、箸やスプーンの使用、指でものをつかむ、衣服のボタンをかける、字を書くなどの手先を使った操作が難しく、身辺処理に関わる自立に困難さがみられます。

② 言葉

　言葉は、他者からの話を聞いて理解する言語理解の側面と、自分自身の意思を他者に伝える言語表出の側面があり、知的障害のある子どもはこの両方の側面に遅れがみられます。言語理解については、「お部屋に入ったら、手を洗って、うがいをしようね」などの複数の意味を含んだ文章や複雑な指示を理解することの困難さ、口頭だけの説明に対する理解の困難さがみられます。また、ものの名称は比較的獲得されるものの、大小関係などの抽象概念の理解にも困難さがみられます。言語表出については、1 歳半を過ぎても言葉を話さないなど、言葉の出現の遅れや、発音の不明瞭さがみられます。知っている言葉も少なく、言葉を覚えるのにも時間がかかります。

2
コマ目

知的障害児の理解と支援

③ 認知

　認知とは、身のまわりのさまざまな対象を知覚し、それが何であるかを理解したり、その状況に合わせて判断したりするプロセスです。知的障害のある子どもは認知の側面にも遅れがあり、特に記憶や注意、集中の困難さが目立ちます。

　記憶は、そのときどきの判断に必要な情報を一時的に記憶するために必要です。たとえば、絵本の読み聞かせなどで、「葉っぱの上に小さな卵があるね」などの説明をした場合、「葉っぱ」という単語を記憶しながら「小さな卵」という単語を理解しないと全体の文章を理解することはできません。知的障害のある子どもは、一度に記憶できる量が少ないため、次々に入ってくる情報を保持したり活用したりすることが難しくなります。

　また、身のまわりのさまざまな刺激のなかから、自分にとって大事な情報に注意を向けることや特定の課題に集中し続けることも重要な能力ですが、知的障害のある子どもではそれらに困難さがみられます。たとえば、製作などの活動に取り組んでいても、その活動の途中で不意に聞こえた音などに反応してしまったり、長い時間集中していることが難しく、最後まで活動に取り組めない場合があります。

④ 理解・学習

　知的障害のある子どもは、ものごとを理解するのに時間がかかったり難しかったりします。個人差はありますが、100円玉が5枚で500円になるなどのお金のルールや時計の読み方などの理解に困難があります。また、約束事や決まりごと、遊びのルールなどを理解するのに時間がかかり、ほかの子どもと遊んでいても、知らないうちにルールを破ってしまうことや勝負事で負けてしまってもその理由がわからず混乱することもあります。

手先がうまく使えず着替えが困難な様子（左）と、ジャンケンのルールがわからない様子（右）。

⑤ 主体的な行動

　知的障害のある子どもは、その場に応じてどうするかを自分で判断することが苦手です。たとえば、着たい服を選ぶという場面でも、自分で好きなものを選ぶことが難しかったりいつもと異なる状況では、臨機応変に判断することが難しかったりします。

　また、日常のあらゆる場面で失敗し、注意されたり怒られるという経験が多いため、何かをする前に失敗するのではないかと不安を抱くことも多いのです。このように、自信がもてないことや失敗に対する強い恐れがあるため、自ら主体的に行動することが困難である様子が多くみられます。

3 知的障害児の支援

1 支援の基本

ここでは、知的障害のある子どもを支援するために、あらゆる場面において共通して考慮しておくべき 3 つのことについて説明します。

① 伝わるように工夫する

知的障害のある子どもに話しかけるときは、伝えたいことが伝わりやすいように工夫します。

たとえば、①一度に多くの指示を与えるのではなく一つひとつ伝えていく、②ゆっくり、はっきり短い言葉で伝える、③言葉だけでなく、身ぶりや絵・写真などを使って視覚的に理解できるようにする、などが大切です。

また、「何して遊ぼうか？」などの回答を自分で探し出してから答えるような質問は難しいため、「積み木にする？　絵本にする？」など、選んで回答できる質問をすることが大切です。

選択肢をイラストで示されれば、やりたい遊びを決めることができる。

② できたことをほめる

知的障害のある子どもに関わっていると、うまくできない部分が目立って見えるため、指示的に関わったり注意したりすることが多くなってしまいます。しかし、そのような関わりが続くと、知的障害のある子どもは苦手意識や失敗への不安のため、積極的に活動に参加できなかったり拒否反応を示したりすることがあります。子どもが成功しやすいように活動を工夫したり分割したりし、できたときにはしっかりほめることが大切です。

ほめられることで達成感や満足感を得られる体験を積み重ねていき、自信をもってスムーズに活動に参加できるようになっていきます。また、ほめることは、適切な行動を増やすことにつながるとともに、失敗ばかりに目を向ける子どもに対して、自分自身のできている部分に気づけるようにする効果があります。

③ スモールステップで目標を細分化する

スモールステップとは、達成すべき目標を最初から高いものにするのではなく、その目標を細分化し、小さな目標を一つひとつ達成することで全体の目標を達成していく手続きです。スモールステップにより、達成までの難易度が高い課題であっても着実に達成できるとともに、一つひとつの小さな目標であれば成功する可能性が高いため、達成感や満足感を経験させることができます。

知的障害のある子どもは、健常児が当たり前に達成できるような課題であっても、困難を示すことが多くあります。ちょっとした動作のように感

じられても、それをできるだけ分解して、知的障害のある子どもがつまずきにくい状況をつくっていくことが大切です。たとえば、衣服のボタンをかけるといった動作でも、手順を細かく分解し、その一つひとつの目標を達成できるように取り組んでいきます。なお、知的障害のある子どもは、そのように段階的に課題を達成できるようにすることで、時間はかかっても日常生活動作を獲得することができます。

2 知的障害児の保育

　ここでは、知的障害のある子どもに対する実際の保育場面において、配慮すべき内容について説明します。

① 基本的生活習慣の獲得

　知的障害のある子どもの場合、基本的生活習慣*の獲得には工夫が必要です。衣服の着脱では、ボタンをとめたりファスナーを上げ下げするときに指先の微細な運動や目と手の協応が必要なため、ボタンやファスナーを面ファスナーなどにするという方法もあります。食事では、食べ物を噛んだり飲み込んだりすることが困難な場合もあります。のどに詰まらせないようにするため、咀嚼*しやすい大きさやかたさなどに配慮します。また、スプーンやフォークを使うことが難しい場合もあるため、もちやすくする専用のグリップなどの工夫も大切です。排泄では、年長（5歳児）になってもおむつを外せない場合があります。排泄の自立を促すために、登園時や遊びの前など決まった時間にトイレに誘導したりします。その一方、おむつが外せるようになることに執着しすぎて、子どもにストレスを与えないよう注意が必要です。

② 対人関係づくり

　知的障害のある子どもとほかの子どもとの関わりを促すためには、子どもが参加しやすい遊びを展開できるように工夫するとともに、必要に応じて子ども同士の関わりが生まれるように保育者が関わっていきます。その際、参加人数が限られていたり遊び方が限定されてしまったりするような遊具などでは、知的障害のある子どもが参加することが難しくなる場合があります。したがって、ままごとや積み木、砂場など、多様な遊びを展開できる場において、知的障害のある子どもとほかの子どもの交流を促していくとよいでしょう。

③ 個々の発達を促す生活や遊びの環境

　保育者は、子どもの興味を促す遊びや環境を工夫し、子どもが自ら環境に関わろうとする機会をつくっていきます。知的障害のある子どもの場合、状況をつかむのがゆっくりであり、新しい状況に慣れるのに時間がかかってしまうため、自ら積極的に環境に関わるまでにある程度の時間を必要とします。一見すると、保育者の用意した環境に興味を向けていないように感じられることもありますが、その保育実践を継続していくことにより、目には見えないけれども少しずつ子どもの気持ちに変化が起こり、興味を示していきます。

　また、集団の場では、複数の子どもがそれぞれの個性を発揮しながら、

みんなでいることが楽しいと思えるように、子ども同士の関わり合いを支援していきます。しかし、ほかの子どもの遊びに即座に興味をもてなかったり、言葉による意思疎通の難しさや集団のなかで必要とされるルールの理解の難しさから、うまく関係をつくることができない場合もあります。保育者は、子どもの主体性を大切にしつつ、一人では難しい点を支援していきます。

④ 知的障害児の保育における子どもの健康と安全

　健康面に関しては、知的障害のある子どもは、食事、運動などの生活習慣が乱れやすく、肥満や痩身などの問題を抱えることがあります。また、何らかの疾患にともなって知的障害がある場合、その疾患による健康上の問題が現れることがあります。たとえば、ダウン症の子どもは、心疾患をともないやすいことから健康上の配慮が必要になります。てんかんをもっている知的障害のある子どもも多く、それが思わぬ事故を引き起こすことがあります。健康管理や運動の支援をしつつ、保護者とともに自身の健康に関心をもてるようにすることが大切です。

　安全面に関しては、知的障害のために注意力や集中力が低いと危険を回避することが困難になります。歩行時に、死角となる場所から自転車や自動車が現れることを予測できないなどの場合もあります。一方で、危険を避けるため、大人が付き添って安全が確保された状態で過ごすことも多く、危険予測に関する経験値が不十分である例も多くみられます。そのため、安全を確保しつつも、自分で危険性を理解して行動できるように安全教育をしていくことが大切です。

3　早期発見のポイント

　知的障害のある子どもが必ずしも診断された状態で入園してくるとは限りません。子どもが障害などを抱えている場合、できるだけ早期に発見し、その子どもに合った支援をすることで、園生活を充実させa よりよい発達を促していくことにつながります。保育所では、同年齢の子どもと集団生活をすることで知的障害のある子どもの発達の遅れが目立ちます。そのため保育者が、ふだんの関わりのなかで障害を発見することもよくあります。特に次のような点は遅れに気づきやすいポイントです。

- ・なかなか言葉が出ない
- ・単語が増えない
- ・話す内容が幼い
- ・会話の理解が難しい
- ・ひとり座りや歩き始め（始歩）の時期が遅い
- ・動きがゆっくりだったり、次の行動に移るまでに時間がかかる
- ・複数の指示の理解が困難で、一つひとつに声かけが必要
- ・基本的生活習慣の自立が他児よりも著しく遅い
- ・遊びの内容が幼い

語句説明

保健センター

→地域の住民に身近な立場で、住民の疾病の診断、保健に関する生活上の適切な情報の提供などを行う。

児童相談所

→児童の福祉に関する諸問題について、調査・診断・判定・援助・一時保護・施設入所措置・里親委託措置などを行う児童福祉行政の専門機関。

療育センター

→障害のある子どもに対し、それぞれの子どもに合わせた治療や教育を行う施設。

特別支援学校

→障害のある子どもに対し、幼稚園・小学校・中学校・高等学校に準ずる教育を行うとともに、障害による学習上または生活上の困難を克服し、自立するための知識・技能を授ける学校。

---

4 専門機関との連携および利用できる制度

知的障害のある子どももほかの障害のある子どもと同様、早期の支援と専門的な対応が必要です。保育者や保育所だけで専門的に対応しようとするのは難しいので、保健センター*、児童相談所*、療育センター*、特別支援学校*などの専門機関と連携することが大切です。

また、専門機関から園に対して行われる巡回支援専門員整備事業や保育所等訪問支援を活用することもできます。巡回支援専門員整備事業では、障害に関する専門的知識・経験を有する者が対象地域の保育所や学校などを巡回し、障害のある子どもに対する保育等について指導・助言を行います。また、保育所等訪問支援は、障害に関する専門の職員が、障害のある子どものいる保育所や学校などを訪問し、本人を含めた直接の支援を行います。大きな違いとしては、巡回支援専門員整備事業が保育者等への相談・助言をとおして子どもへの支援を行う間接支援であるのに対し、保育所等訪問支援は、訪問する専門職員が子どもに対して直接支援を行えることです。保育所は、巡回支援専門員整備事業や保育所等訪問支援を活用し、知的障害のある子どもによりよい支援を行えるようにしていきます。

なお、専門機関による支援やさまざまな社会福祉サービスを受ける際に、療育手帳を活用することができます。療育手帳は、法で定められた制度ではなく、各都道府県および政令指定都市の独自の発行であるため、その名称などは自治体によって異なる場合があります。障害の程度の区分はA（重度）とB（軽度）があります。実際に受けられるサービスなどは自治体や障害の程度によって異なりますが、たとえば次のようなものがあります。

・税制上の優遇を受けられる
・各種手当を受けられる
・レジャーなどの各種施設のサービスや割引
・電話など各種料金や公共交通機関の割引を受けられる
・保育所等への入園で優遇される
・特別支援学校入学の際の証明となる
・就労に向けたさまざまな制度・支援を受けられる
・災害時の支援を受けられる

療育手帳は、児童相談所で知的障害があるということの判定を受け、都道府県に申請することによって交付されます。療育手帳は、2年ごとに判定を受け、更新することとなっています。

おさらいテスト

❶ 知的障害は、知的機能の欠陥と［　　　　　］の欠陥がある。
❷ 知的障害の程度は、知能指数と［　　　　　］によって決まる。
❸ 知的障害は、運動、言語、認知など、［　　　　　］に遅れがある。

演習課題 ✎

子どもの事例について考えよう

- -

　次の事例を読んで、子どもの特徴、保育者の配慮について考え、グループで話し合ってみましょう。

事例	マイペースで気持ちの切り替えなどが難しい子ども

　3歳女児。集団のなかでは行動がゆっくりめでマイペースな様子が目立ちます。外にでかける準備をするときや全体で活動するときも、ほかのみんなが動いていても関心を示しません。保育者が個別に声をかけてもわからず、身体ごと促して一緒に取り組むことでようやく行動します。気持ちの切り替えが難しく、自分なりに楽しんでいた遊びをやめさせようとすると「ヤダ」と拒否をし、最後には泣き出してしまいます。話せる言葉が少なく気持ちをうまく伝えられないため、おもちゃの取り合いなどで友だちを叩いたり、嚙んだりしてしまいます。

①この女児の特徴をあげてください。そのとき、できないことばかりではなく、できることにも注目しましょう。なお、できることを見つける場合、「個別に声をかけても動くことは難しいが、身体ごと促して一緒に取り組めば、拒否せず行動できる」のように、どうやったらできるのかという視点をもつと保育者の配慮を考えやすくなります。

②この女児の保育でどのような配慮が必要かを考えましょう。

③課題②で考えた配慮についてグループで共有し、その配慮のメリット・デメリットについて話し合いましょう。

「うまく伝えられない」の疑似体験

　2人以上のグループになって、知っている言葉が少なく、発音も不明瞭な状態で気持ちを伝えてみる体験をしましょう。1人が、少ない単語と不明瞭な発音で意味のある内容を話し、ほかのメンバーはその人が何をいいたいのかを考えましょう。

【伝える内容の例】

・使用できる言葉：「パパ」「ママ」「エウトアン（レストランのこと）」
・伝えたい内容：「パパとママと一緒にレストランに行きたい」
　不明瞭な発音をつくるため、次の手順で単語を変換します。
①元の単語：レストラン
②ローマ字にする：RESUTORAN
③一部の子音（RとSなど）をなくす：EUTOAN
④日本語に戻す：エウトアン

①伝える側や聞き取る側はどのような点が難しかったでしょうか。

②疑似体験はあくまで疑似体験です。実際の子どもの気持ちを理解できるわけではありませんが、できるだけ想像できるように、1）伝えたいことが伝わらないという状態が毎日続いている、2）ほかの子どもと異なり、自分だけが上手に伝えられない状態にあることを考慮し、保育者としてどのように子どもに関わったらよいかを考えてみましょう。

演習課題 ✎

声かけを工夫しよう！

- -

　知的障害のある子どもは、保育者が話をしているのにすぐに注意がそれてしまう、友だちが遊んでいるのを妨害してしまう、遊びに夢中で時間がきてもやめようとしないなど、さまざまな行動がみられます。このとき、どのように声をかけたらよいでしょうか。次の例を参考に、さまざまな場面を想定し、声かけのしかたを考えてみましょう。

子どもの状況	よくない声かけ	よい声かけ
まわりを見ずに走り出している	走っちゃダメ！	歩こうね。
座らずに立ち歩いている	ちゃんと座って！	（ほかの子を指さして）○○くん、かっこよく座っているね。
大きな声を出している	うるさい！ 静かにして！	アリさんの声で話そうね。
友だちを叩いてしまう	やめなさい！ メッ！	「イヤだったんだね。やめて」っていおうね。
食べ物をこぼしてしまう	何やってんの！ あーあ！	一緒に片づけようか。

　なお、知的障害のある子どもに伝えるときのコツは次のとおりです。参考にして考えてみましょう。
・ダメなことを伝えるのではなく、してもよいことを伝える。
・どういう行動をするのかを具体的に伝える。
・「今はこれでよい」とゆったりした気持ちで関わる。

子どもの状況	よくない声かけ	よい声かけ

3コマ目

肢体不自由児・重症心身障害児・医療的ケア児の理解と支援

今日のポイント

1. 肢体不自由児は手足や胴体に障害がある子どもだが、脳の損傷に起因している場合もあり、ほかの障害が重複している場合もある。
2. 重症心身障害児は、重度の肢体不自由と重度の知的障害が重複している状態の子どもである。
3. 医療的ケア児は日常生活において医療的ケアが必要となる子どもであり、その数は年々増加し、保育所での受け入れも進められてきている。

1 肢体不自由児の理解と支援

1 肢体不自由とは

① 肢体不自由児の定義

肢体不自由とは、手足や胴体に障害があるため、日常の生活に必要な動作や姿勢の変換・維持に困難がある状態のことです。わが国では「身体障害者福祉法」に定められる身体障害の一つに位置づけられています。図表3-1は身体障害者の範囲に関する内容の抜粋です。これを見ると手足や胴体にある障害と思われがちですが、肢体不自由であることの原因は問わないことになっており、脳の損傷によって手足や胴体に不自由がある場合もあります。脳損傷による場合、肢体不自由だけでなく知的障害や言語障害、てんかんなど、そのほかの障害をあわせもっていることも少なくありません。

図表3-1　身体障害者の範囲

4　次に掲げる肢体不自由
　1　一上肢、一下肢又は体幹の機能の著しい障害で、永続するもの
　2　一上肢のおや指を指骨間関節以上で欠くもの又はひとさし指を含めて一上肢の二指以上をそれぞれ第一指骨間関節以上で欠くもの
　3　一下肢をリスフラン関節以上で欠くもの
　4　両下肢のすべての指を欠くもの
　5　一上肢のおや指の機能の著しい障害又はひとさし指を含めて一上肢の三指以上の機能の著しい障害で、永続するもの
　6　1から5までに掲げるもののほか、その程度が1から5までに掲げる障害の程度以上であると認められる障害

出典：「身体障害者福祉法」別表

② 肢体不自由の種類

　肢体不自由にはさまざまなものがあり、最も多いのは脳性まひです。そのほか、二分脊椎や筋ジストロフィーなどがあります。

1) 脳性まひ

　脳性まひは、生後 4 週間までに発生した脳の何らかの病変によって、運動や姿勢を保つことに難しさが起きた状態です。脳の病変は進行しませんが運動や姿勢の異常は永続的に続き、その状態や程度は成長に伴って変化することがあります。脳性まひのタイプとして、けい直型*、アテトーゼ型*、失調型*があります。脳性まひによって次のような問題が生じます。

- 姿勢を保持したり、変えたりすることが難しくなる
- 自分で移動することや、腕を動かしたり手先を使った作業をすることが難しくなる
- 口腔機能の障害により、食事や言葉を話すことが難しくなる
- ものを飲み込む嚥下機能の障害により、誤嚥のため息が詰まってしまうことがある

2) 二分脊椎

　二分脊椎は、脊椎（背骨のこと）の形成不全によって起こる生まれつきの障害です。運動や感覚の機能にまひが生じる状態です。多くは腰から下の障害となり、足にまひが生じて歩きにくくなる運動障害や、おしっこをためたり出したりするのをコントロールするのが難しくなる膀胱障害が起こります。

3) 筋ジストロフィー

　筋ジストロフィーは、筋肉が徐々に壊れて弱っていく障害です。心臓の筋肉も次第に衰えていき、呼吸器系、循環器系の配慮も必要になります。最も多いのは、デュシェンヌ型筋ジストロフィー*です。

2　肢体不自由児の特徴

① 運動や動作の困難

　肢体不自由のある子どもは、立つこと、歩くこと、座ること、階段の上り下り、もののもち運び、食べること、服を着ること、排泄など、日常生活に関わる運動や動作に困難があります。また、発声・発語の運動に障害があるため、コミュニケーションに困難がある場合もあります。ただし、どこにどの程度障害があるかはさまざまなため、たとえば「歩く」ということでも、杖や義足があれば歩ける人や、足に障害があるため車いすを手で操作して移動する人、全身に障害があるためすべてに介助が必要な人など、大きな個人差があることも特徴です。

② 感覚や認知の特性

　脳の損傷による肢体不自由の場合、斜視や弱視などの視覚障害や難聴などの聴覚障害をあわせもっていることがあります。また、目は見えていても、ものを立体的にとらえられない、見えたものを区別することができな

語句説明

けい直型

→筋緊張が非常に強く、突っ張ってしまって、自分の思うように身体を動かせない状態。脳性まひの多くは、けい直型である。

アテトーゼ型

→ある姿勢を保ったり動こうとしたりするときに本人の意志に反して勝手に腕や顔、あごなどが動いてしまう状態。

失調型

→平衡を調節することが難しく、運動時のバランスが悪くなったりする状態。

重要語句

デュシェンヌ型筋ジストロフィー

→遺伝子の異常により、筋力が弱っていく。多くの場合、5歳くらいまでは目立った症状はみられないが、小学校に入学する頃より転びやすくなり、10歳代で車いすを使用するようになる。

3 コマ目　肢体不自由児・重症心身障害児・医療的ケア児の理解と支援

い、空間をとらえることが苦手など、視覚を十分に活用できないこともあります。このような感覚や認知の特性は、運動や動作の困難と比べて周囲から気づかれにくいことがよくあるため、日ごろの関わりのなかで注意深く観察することや、必要があれば視知覚検査や心理検査による実態把握が必要になります。

③ 経験や体験の少なさ

肢体不自由のある子どもは運動や動作に制限があるため、遊ぶことや人と関わり出かけることなど、社会生活に関する経験や体験が不足しがちです。そのため、年齢に応じた社会的なスキルが身についていなかったり、受け身になりがちだったり、関心や意欲が低かったりすることもあります。

3 肢体不自由児の支援

① 日常生活の支援

日常生活のなかで移動や姿勢変換をする場合に介助が必要な子どもが多く、自分で移動・姿勢変換できる場合でも、転倒防止や安全面への配慮から見守りが必要です。また、食事にも配慮が必要な場合が少なくありません。噛む力や飲み込む力に合わせて、きざみ食やソフト食、ペースト食などの食事形態を選ぶ必要があります。また、自分で使いやすい食器を用意したり、自分で食べる力をつけたりすることも大切です（図表3-2）。トイレにも手すりを設置するなど、安定した姿勢で排泄できるように環境を整えたり、おむつやしびんを使用する場合もプライバシーが保たれるようにする必要があります。

② 心理・行動面の支援

肢体不自由児が日常生活を送るために介助を受けることは必要不可欠なことです。しかし、なかには一人でできるようになっても、「時間がかかるから」と大人が介助し続けたり、大人が決めてしまうこともあります。この繰り返しは、子どもが自分で考えて決定し行動する機会を奪うことになってしまいます。ときには「これは子ども自身に決めてもらおう」「時間がかかっても子ども自身にやってもらおう」と、子どもが自分で行動するのを支援することも必要です。また心理面では、さまざまな活動をとおして、「できた！」「わかった！」という体験を重ねていくことも大切です。自分はできるという経験が、「もっとやってみたい」「もっと知りたい」という

図表3-2　主な食事形態のメリット・デメリット

種類	内容	メリット	デメリット
きざみ食	食材を細かく刻んだもの。	噛むことに困難がある人でも食べやすい。	飲み込む力が弱い人はのどに詰まりやすい。
軟菜食・ソフト食	食材を歯ぐきや舌でつぶせるくらい柔らかくしたもの。	柔らかくてまとまりやすいため、飲み込みやすい。	準備に手間とコストがかかりやすい。
ミキサー食・ペースト食	食材をミキサーでなめらかな状態に仕上げたもの。	噛むことができず、飲み込む力が弱い人でも食べられる。	水分が多いと、むせたり誤嚥を引き起こす可能性がある。

図表3-3　さまざまな補装具

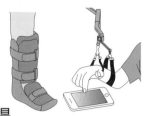

装具
手足や胴体の動きに障害のある部位に装着して、障害部位の保護、運動の補助、変形の防止などを目的として使用する。

杖（ロフストランド・クラッチ）
一本の足と握りのついた杖で、前腕で力を受けて体を支えることができる。

歩行器
杖だけでは重心が不安定な場合、歩行補助のために用いる。

電動車いす
電動モーターで駆動する車いすで、手元にあるレバーを使って操作することができる。道路交通法上では歩行者扱いのため歩道を移動でき、免許は必要ない。

座位保持いす
自力で座ることが難しい場合、適切な姿勢で座るために用いる。

起立保持具
自力で立つことが難しい場合、適切な姿勢で立つために用いる。

排便補助具
普通のトイレでは排便が難しい場合、排便がスムーズにできるように用いる。

意欲や好奇心につながります。小さなころから意欲や好奇心をもつことは、成長・発達や学習に欠かせない要素です。

③ **補装具の活用**

　補装具とは、「障害者総合支援法」において、「障害者等の身体機能を補完し、又は代替し、かつ、長期間にわたり継続して使用されるもの」（第5条第25項）と定義されています。肢体不自由児の場合、損なわれた運動機能や失われた身体部位を補うものであり、装具、義手・義足、杖、歩行器、車いす、電動車いす、座位保持いす、起立保持具、排便補助具などが含まれており、その購入や修理にかかる費用の一部に支給を受けることができます。これらの補装具（図表3-3）を日常生活のなかで活用し、活動の幅や、自分でできることを増やしていくことも大切な支援です。

2　重症心身障害児の理解と支援

1　重症心身障害とは

　重症心身障害とは、重度の肢体不自由（歩行不能な程度）と重度の知的障害（IQ35以下）が重複した状態であることを意味します。これは医学

図表 3-4　大島分類

					IQ
21	22	23	24	25	80
					70
20	13	14	15	16	50
19	12	7	8	9	
					35
18	11	6	3	4	20
17	10	5	2	1	0
走れる	歩ける	歩行障害	座れる	寝たきり	身体機能

注：濃い部分は重症心身障害にあたる。

的な診断名ではなく、わが国の児童福祉の制度上に設けられた呼び方です。具体的な基準は示されていませんが、大島分類（図表 3-4）という方法で判定されるのが一般的です。この分類は縦軸に知能指数（IQ）、横軸に身体機能がとられており、1、2、3、4が重症心身障害にあたります。

2　重症心身障害児の特徴

　重症心身障害児の障害の様態はさまざまですが、障害の程度が重いものであることが特徴です。ほとんど寝たままで、自力では起き上がれなかったり、食事や着替え、移動、トイレ、入浴などが自力で困難なため、日常の多くの場面で介護者による支援が必要となります（図表 3-5）。
　また、呼吸や排痰*、食事、排泄などに特別な医学的管理が必要な人もいます。このような行為を生活などのなかで日常的・応急的に行うことを「医療的ケア」と呼んでいます。

3　重症心身障害児の支援

　障害が重度であるため、支援者が働きかけても反応が弱かったり、変化がわかりにくいことがあります。しかし、周囲からみて弱くわかりにくい反応でも、子どもにとって精いっぱいの表現なのです。その子にとってど

🖊️ **重要語句**

排痰
→気道内の痰を取り除くこと。

🖊️ **語句説明**

拘縮
→関節の動きが制限された状態。

側彎
→背骨が左右に弯曲した状態。

図表 3-5　重症心身障害児の状態像

姿勢	ほとんど寝たままで自力では起き上がれない状態が多い。
移動	自力では困難、寝返りも困難、座位での移動、車いすなど
排泄	全介助（知らせることができない [70%]。始末不可 [76%]）
食事	自力ではできない（スプーンなどで介助）。誤嚥（食物が気管に入ってしまうこと）を起こしやすい。食形態＝きざみ食、流動食が多い。
変形・拘縮	手、足が変形または拘縮*、側彎*や胸郭の変形を伴う人が多い。
筋緊張	極度に筋肉が緊張し、思うように手足を動かすことができない。
コミュニケーション	言語による理解・意思伝達が困難、表現力は弱いが、笑顔でこたえる。
健康	肺炎・気管支炎を起こしやすく、70%以上の人がてんかん発作をもつため、いつも健康が脅かされている。痰の吸引が必要な人が多い。

出典：全国重症心身障害児（者）を守る会ホームページ（https://www.normanet.ne.jp/~ww100092/network/inochi/page1.html 2021年4月12日確認）をもとに作成

図表 3-6　コミュニケーション支援機器の入力方式

入力方式	動作例	主な操作部位
接点方式	スイッチを押す、手で握る、ひもを引く	指、手、腕、足、頭部
帯電方式	体でセンサーに触れる	指、頰、あご
筋電方式	体を動かす	目、指、額、頰
光電方式	体をセンサーに近づける	指、頰、額、舌、瞬き
呼吸方式	息を吐く、息を吸う	呼気、吸気
圧電方式	センサーを貼りつけた部位を動かす	指、頰、額
空気圧方式	エアバッグを押す	指

出典：日本リハビリテーション工学協会他編「『重度障害者用意思伝達装置』導入ガイドライン」日本リハビリテーション工学協会、2020年をもとに作成

んな意味をもっているのかを考えながら気持ちや感情の共有を図っていく必要があります。また、障害が重い子どももその子なりの思いや伝えたいことがあります。しかし、表現力が弱かったり、反応に時間がかかったりすることから、その子の思いが妨げられやすい状況であるといえます。一方的な介助にならないためにも、支援者には子どもの思いを尊重して忍耐強く関わる態度が求められます。

　コミュニケーションでは、言葉を発したり理解することが難しい子どもも多いため、さまざまな感覚や支援ツールを活用したやりとりが求められます。子どもがどんな刺激ならば受け止めやすいのか、どんな表現ならばやりやすいのかを把握したうえで、ふれあいやジェスチャー、写真、イラストを活用しながら、子どもとスムーズにやりとりができる関係を築いていくとよいでしょう。また近年は、さまざまな入力形式のコミュニケーション支援機器が開発されており、その活用も期待されます（図表 3-6）。

3　医療的ケア児の理解と支援

1　医療的ケアとは

　医療的ケアとは、法律上で定義された用語ではありませんが、一般的に在宅や学校・施設などで日常的に行われている、たんの吸引や経管栄養、人工呼吸器の衛生管理などの医行為＊をさしています。本来、医師免許や看護師などの免許をもたない者は医行為を反復継続して行うことはできません。しかし、2011年の「社会福祉士及び介護福祉士法の一部改正」により、保育士などの職員についても、特定の研修を修了し、都道府県知事に認定された場合は、法で定められた特定行為（図表 3-7）に限り、保育所内において一定の条件下で実施できることになりました。また看護師が配置されている場合、医師の指示のもと、特定行為以外の医療的ケアも行うことができます。関連して、本人や家族が医療的ケアとして医行為を行う

3コマ目

肢体不自由児・重症心身障害児・医療的ケア児の理解と支援

✏️ **重要語句**

医行為

→「医師の医学的判断及び技術をもってするのでなければ人体に危害を及ぼし，又は危害を及ぼすおそれのある行為」（厚生労働省）であり、医療関係の免許を保有しない者は行うことができない。

📝 **プラスワン**

特定の研修

「社会福祉士及び介護福祉士法施行規則の一部を改正する省令」（厚生労働省第126号）の別表第三に規定された研修であり、特定行為に関して基本研修（講義、演習）と実地研修が行われる。

図表 3-7　保育所において行うことができる医療的ケアの内容と範囲

保育所等における医療的ケアの実施者

特定行為	特定行為以外
一定の研修を受けた保育士等も認定特定行為業務従事者として実施可 ・たんの吸引（口腔内、鼻腔内、気管カニューレ内） ・経管栄養（胃ろう又は腸ろう、経鼻経管栄養）	看護師等の免許を有する者が実施

出典：保育所における医療的ケア児への支援に関する研究会「保育所での医療的ケア児受け入れに関するガイドライン」2021年

重要語句

違法性の阻却

→通常は法律上違法とされる行為について、特別な事情があるために違法性がないとすること。

導尿

→自力での排尿が困難な場合、膀胱にカテーテルを通し、排尿すること。

人工肛門

→自力での排便が困難な場合、腹部に排便用のルートをつくり、排便すること。

超重症児、準・超重症児

→医学的管理下におかなければ、呼吸することや栄養をとること、排泄することなどが困難な状態にある子ども。
①運動機能は座位まで、②呼吸器機能、食事機能、胃・食道逆流の有無、補足目（体位変換、定期導尿、人工肛門）の項目からスコアを算出し、25点以上が6か月以上続くと超重症児、10点以上の場合は準・超重症児と判定される。

場合は、罪に問われることはありません（違法性の阻却*）。

　特定行為の具体的内容については、保育士など、医療関係の資格をもたない者が関われる範囲が定められています（図表3-8）。特定行為以外の医療的ケアとしては導尿*や人工肛門*があげられます。

2　医療的ケア児の特徴

　周産期医療の発展により、出生時に低体重であったり、重い疾患や障害がある場合でも命を救えるようになってきました。そのような背景のなか、退院後も引き続いて医療的ケアが日常的に必要な子ども（医療的ケア児）が増加しており、国内で約2万人いると推定されています。図表3-9を見ると、10年前と比べて約2倍近く増えていることがわかります。また、医療的ケアが必要な子どものなかでも、特に濃密な医学的な管理が必要な場合、超重症児*や準・超重症児*と呼ばれる子どもの増加が顕著であり、入所によるケアだけでなく、在宅でのケアが必要となる場合もあることから、その対応が課題となっています。

　さらに障害が重いイメージの強い医療的ケア児ですが、なかには知的障害や肢体不自由はないものの、医療的ケアが必要な子どももいます。そのため医療的ケア児が保育所に通うケースも少しずつみられるようになり、2017年度で366名が保育所に在籍しており、施設数は329か所と示されています（厚生労働省「医療的ケアが必要な子どもへの支援の充実に向けて」2019年）。この数には認定こども園が含まれていないので、全体としてはもっと多い可能性があります。このような医療的ケア児の保育に関する支援としては、2017年度から、国において「医療的ケア児保育支援モデル事業」が開始され、保育所や認定こども園における看護師などの配置など、医療的ケア児の受け入れ体制の整備に対する補助が進められています。今後は、保育所や認定こども園も医療的ケア児の保育が行われる場として大きな役割が期待されます。

図表 3-8　特定行為の具体的範囲

●喀痰吸引（たんの吸引）

・筋力の低下などにより、たんの排出が自力では困難な者などに対して、吸引器による
たんの吸引を行う。

①口腔内　②鼻腔内　　　　　　　③気管カニューレ内

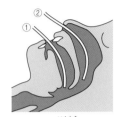 

・たんの吸引は咽頭の手前までを
限度とする。

・たんの吸引は気管カニューレ内に
限る。

・たんの吸引が必要な頻度は、常時必要な場合や、食事前や寝る前だけ必要な
場合など、一人ひとり異なる。

●経管栄養

・摂食・嚥下の機能に障害があり、口から食事をとることができない、または十分な量
をとれない場合などに胃や腸までチューブを通し、流動食や栄養剤などを注入する。

④胃ろう又は腸ろう　⑤経鼻経管栄養

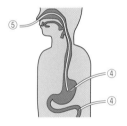

・経管栄養のうち、最も多く利用されている
のが経鼻経管栄養である。胃ろう・腸ろう
の場合はのどに留置しないことで、身体的
な負担が少ないという利点がある。

・胃ろう・腸ろうの状態に問題がないことお
よび鼻からの経管栄養のチューブが正確に
胃のなかに挿入されているかどうかの確認
が重要であり、当該確認は、看護師等が行う。

出典：図表 3-7 と同じ

図表 3-9　医療的ケアが必要な子どもの推定値

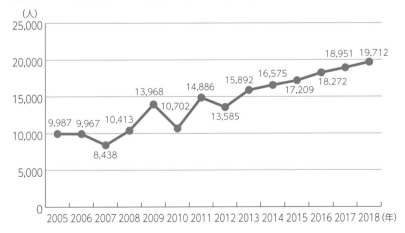

出典：厚生労働省「医療的ケアが必要な子どもへの支援の充実に向けて」2019年

3
コマ目

肢体不自由児・重症心身障害児・医療的ケア児の理解と支援

3 医療的ケア児の支援

① 保育所における支援

　医療的ケア児の多くは、生まれたころから長期入院をしていたり、退院後も医療的ケアが必要なためほとんどの時間を保護者と過ごしていることが多く、同年齢の子どもたちと比べ、人との関わりやさまざまな体験が不足していることが少なくありません。そのような医療的ケア児が保護者から離れ、保育所や認定こども園でほかの子どもたちと遊びや学びを共有できることは、保護者からの自立心を育み、社会性を身につけるためにかけがえのない機会となります。そのためには、医療的ケア児が安心し安全に生活できる環境を整えることが不可欠です。まず、市町村と連携しながら看護師を配置したり、保育所全体での支援体制を整えたり、保育内容や関連機関との連携方法について調整する必要があるでしょう。また保育所内においては、医療的ケアの具体的な実施方法や緊急時の対応マニュアルの整備などを確認するとともに、担当保育者だけでなく職員全員が役割を理解し、医療的ケアを安全に実施できる体制を築くことが求められます。

② 医療的ケア児の家族への支援

　医療的ケア児の保護者は、子どもに常時つきそう必要があるために仕事に就けない、睡眠時間が削られる、家に閉じこもりがちになるなどの問題を抱えていることがあります。そのような保護者にとって子どもを保育所に預けることは、一時的に子どものケアから離れて休息し、心身の疲れをとるための支援となります（レスパイトケア*）。また、その間働くことができれば、経済的な余裕も生まれます。さらには、保育所等で保育者やほかの保護者と日常的に顔を合わせ子どもの成長を共有できることは、医療的ケアの必要な子どもをもつ家族を社会的孤立から防ぐことにもつながります。このように、保育所における医療的ケア児の受け入れは家族全体のQOL（生活の質）を向上させる効果もあり、福祉的意義が大きいといえます。

重要語句

レスパイトケア

→レスパイトとは「息抜き」「休息」を意味する。要介護状態の者が福祉サービスなどを利用している間に、その家族など在宅での介護を担っている者が一時的に介護から解放され、休息をとれるように支援すること。

おさらいテスト

❶ 肢体不自由児は［　　　　］や［　　　　］に障害がある子どもだが、脳の損傷に起因している場合もあり、ほかの障害が重複している場合もある。

❷ 重症心身障害児は、重度の［　　　　］と重度の［　　　　］が重複している状態の子どもである。

❸ 医療的ケア児は日常生活において医療的ケアが必要となる子どもであり、その数は年々［　　　　］し、［　　　　］での受け入れも進められてきている。

演習課題

肢体不自由の不便さを体験しよう

- -

　身体が一部動かない状態で日常の活動を行い、肢体不自由の不便さを体験してみましょう。

【方法】

①イラストのように、利き手側の手をバンドで身体に固定して、反対側の手に軍手を 2 枚付けた状態にする。

②危険がないようにして、日常のさまざまな動作をしてみましょう。

　動作の例を以下に示します。

　・教室の内外を移動する

　・ペットボトルのふたをあけて、飲みものを飲む

　・本を数ページ読む

　・字を書く（あるいは板書をノートに写す）

　・靴や靴下の着脱をする

③②について、どのような不便さがあったのかを整理するとともに、そのときの気持ちをまとめましょう。

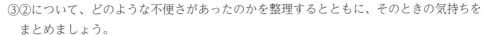

3
コマ目

肢体不自由児・重症心身障害児・医療的ケア児の理解と支援

体験した不便さに対する支援について話し合おう

　前の演習課題で体験した肢体不自由の不便さに対して、どのような支援をするとよいのかを考えましょう。ただし、それぞれの動作について、支援者がすべて手伝ってしまうと、いつまでも他者に頼らなければならなくなります。自らできる部分は自分でするように配慮しつつ、過度な負担にならないような支援を考えましょう。最初に個人で考えた後、グループでお互いの考えを共有し、話し合うようにしましょう。

〈個人ワーク〉

〈グループワーク〉

重症心身障害の子どもに対して
どのような遊びができるかを考えよう

- -

　重症心身障害の子どもが楽しめる遊びをグループで考え、その遊びが子どものどのような発達（例：感覚、運動、表現など）を促すのかについて整理しましょう。また、その遊びのなかで、保育者はどのような配慮をするとよいのかを考えましょう（例：関わり方、声かけ、安全面への配慮など）。

〈遊びの内容〉

〈発達〉

〈配慮事項〉

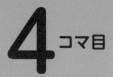

視覚障害児・聴覚障害児の理解と支援

今日のポイント

1. 視覚障害・聴覚障害とも、さまざまな種類がある。
2. 視覚障害のある子どもには、環境に積極的に働きかけられるように、安心・安全を確保できる工夫をする。
3. 聴覚障害のある子どもは、補聴器・人工内耳をしても、言葉を正確に聞き取れているわけではない。

1 視覚障害児の理解と支援

1 視覚障害とは

① 視覚障害の定義

視覚障害のある子どもと聞いて、どのような子どもをイメージしますか。まったく見えていない子どもや、近視や遠視のような視力に関する見えづらさをイメージするかもしれません。しかし、視覚障害にはさまざまな種類があります。

そもそも視覚障害とは、どのような状態をいうのでしょうか。視覚障害の法律上の定義は、医療や福祉の領域なのか、教育の領域なのかで異なります。医療や福祉の領域の定義は、次の「身体障害者福祉法」のとおりです。

「身体障害者福祉法」別表（第4条、第15条、第16条関係）
1　両眼の視力（略）がそれぞれ0.1以下のもの
2　一眼の視力が0.02以下、他眼の視力が0.6以下のもの
3　両眼の視野がそれぞれ10度以内のもの
4　両眼による視野の2分の1以上が欠けているもの

また、教育領域の定義は、次の「学校教育法施行令」のとおりです。

「学校教育法施行令」第22条の3
両眼の視力がおおむね0.3未満のもの又は視力以外の視機能障害が高度のもののうち、拡大鏡等の使用によっても通常の文字、図形等の視覚による認識が不可能又は著しく困難な程度のもの

このように視覚障害は、視力に関わる障害のほか、視野などさまざま

ここでの視力は、眼鏡やコンタクトレンズを装着した矯正視力のことです。

視機能に関する障害をいいます。視機能には、視力、視野、色覚、光の程度を感じ取る順応、両眼視、調節、眼球運動などの機能があります。視覚障害では、何らかの障害により視機能の永続的な低下が起こっており、動作の模倣や文字の読み書き、事物の確認、移動、相手の表情の理解など、視覚を必要とするさまざまな困難が生じることになります。

② 視覚障害の種類

視覚障害には、視覚に関わるどのような問題があるかによって、視力障害（盲、弱視）、視野障害、色覚障害、光覚障害、斜視などがあります。

1）盲

視力障害のうち、盲は、ほとんど見ることができず、視覚情報の活用ができません。学習には点字を用い、聴覚や触覚などの視覚以外の感覚からの情報を活用します。視力は、両眼の矯正視力で0.02未満です。盲のうち、光も感じずまったく見えない状態を全盲、光がわかる場合を光覚盲、色がわかる場合を色覚盲、眼前で手を振るのがわかる場合を手動盲といいます。

2）弱視

視力障害のうち、弱視は、見ることの難しさはありますが、文字の拡大や環境の工夫によって視覚情報を活用することができます。視力は、眼鏡などによる矯正視力が0.02以上0.3未満です。視力が0.04以上のものは、視覚による教育がおおむね可能とされています。弱視があると、遠くのものがぼやけた状態で見えたりします（図表4-1右上）。

3）視野障害

視野障害は、視野に問題があり、ものがはっきり見える範囲がほかの人に比べて限られています。視野障害は、どの範囲が見えるのかによって、視野狭窄や中心暗点があります。視野狭窄は、見える範囲が極端に狭い状態です（図表4-1左下）。細い筒をとおして周囲を見ている状態を想像す

視覚障害があっても、視覚情報をまったく使わないわけではありません。

4コマ目　視覚障害児・聴覚障害児の理解と支援

図表4-1　視覚障害の見え方の例

左上：正常、右上：ぼやけた状態、左下：視野狭窄、右下：中心暗点

るとよいでしょう。中心暗点は、視野の中心部などの一部分だけが見えない状態をいいます（図表4-1右下）。視野障害があると、足下など周囲の一部分が見えにくく、つまずいたり、いろいろなものにぶつかったり、視野の外から近づいてくる自転車などに気づかなかったりして、けがや事故に巻き込まれやすくなったりします。しかし、見えている部分の視力そのものには問題がないこともあり、視力検査で発見されにくいため注意が必要です。

4）色覚障害（色覚異常）

　色覚障害は、色を識別できない障害です。食べ物が焦げていたり腐っていたりするのを見分けることや信号の色を見分けることが難しく、日常生活において不便さが起こります。

5）光覚障害

　光覚障害があると、明るさの変化に目が慣れるまでに時間がかかります。暗順応障害と明順応障害があります。明るいところから急に暗いところに移動したときに、暗さに目が適応することが難しい場合を暗順応障害といいます。逆に、暗いところから急に明るいところに移動したときに、明るさに目が適応することが難しい場合を明順応障害といいます。

6）斜視

　斜視は、目を動かす筋肉のまひなどで、両眼の焦点が合わなくなることをいいます。斜視があると物体の像が両方の目の網膜に正しく映らないため、片方の目だけを使って見えるようにしてしまいます。それにより、ものを立体的に見たり、距離感を把握することに困難が生じたりします。

２　視覚障害児の特徴

　視覚障害のある子どもは、視覚からの情報を得ることが難しいために、次のような特徴を示します。

① 意欲・学習に関わる問題

　視覚障害のある子どもは、身のまわりの環境を把握しにくいため、自発的な活動が制限されます。それにより、自分から遊ぼうとしなかったり、運動量が不足したりすることがあります。また、知識や言葉を獲得するときに、視覚からの情報が不足したまま、限られた情報や経験の範囲内で概念を形成する（バーバリズム）ことがあります。

　多くの子どもは、他者の動きを見て模倣することで、日常生活動作などを身につけていきます。しかし、視覚障害のある子どもは、そのような模倣ができないため、動作や技術の習得に難しさがあります。

　視覚障害の子どものなかには、制約はあるものの視覚情報を活用できる子どもがいますが、見えづらさのために、見ようとする意欲自体が低下することがあります。視覚情報を活用できる場合には、できるだけ見ることを促していく必要もあります。

② 見た目の行動に関する特徴

　視覚障害のある子どもは、人やものなどの対象物を見るために、極端に目を近づけることがあります。また、中心暗点がある子どもなど、目の

プラスワン

色の区別

どの色の区別が難しいかは人によって異なるが、多くの色覚障害のある人は、赤と緑、青と紫、緑と茶色の区別が難しい。

プラスワン

バーバリズム

実体や具体的経験をともなわないまま、言葉による説明だけで事物・事象や動作をとらえてしまうことをバーバリズムという。

一部分が見えない状態にある子どもでは、ものを見るために、対象物を斜めの角度から見ようとすることがあります。周囲の人からすると、これらは奇異な行動に見えますが、子ども自身にとっては、見えにくさに対する適応的な行動ともいえます。友だちにからかわれたりすることがないよう、保育者が配慮する必要があります。

３　視覚障害児の支援

視覚障害のある子どもの保育では、次のような点に配慮しましょう。

① 視覚情報の不足を補う配慮

視覚障害のある子どもにとって、聴覚や触覚など、視覚以外の感覚からの情報は重要です。視覚障害の状態によって必要な援助は異なりますが、以下に示すようなやり方が考えられます。

- 触らせながら声をかけたりすることにより、周囲の環境の理解や言葉の発達を促す
- 視覚障害のある子どもに触れる際は、驚かせないように、必ず先に声をかける
- 今その子がどのような状況にいるのかを具体的に伝えるとともに、状況の変化があったらそれをわかりやすく伝える
- 視覚が少しでも活用できる場合には、積極的に活用していく
- 「さわる絵本」など、視覚障害の子どもを対象とした絵本などを活用する
- 拡大読書器、弱視レンズなどを用いて、小さいものや細かい部分を見えやすくする
- 余計な情報をなくし、大事な情報を強調する
- 見せたいものの輪郭や境界をはっきりさせて、コントラストを強調する
- 物体の全体像が見えるように全体を縮小する
- 部屋の明るさの調整を行う

なお、生まれたときから視覚障害がある場合、見えづらさがあるということ自体に本人が気づくことができません。その状態のままでいると、視覚から得られるさまざまな情報を得られないまま発達することになります。視覚障害をできるだけ早期に発見して対応に結びつけていくことが大切です。ふだんの保育のなかで、極端に目を近づけてものを見るなど、何らかの特徴的な行動がみられる場合は注意が必要です。

② 安心・安全面の配慮

視覚障害のある子どもは、視覚からの情報が得られないため、周囲の環境がどのようになっているかを把握することに困難があります。そのため、慣れない環境では、一般の子ども以上に不安を抱えることになります。保育者は、視覚障害のある子どもが安心して行動できるように、安全な環境を確保することが大切です。特に次のような点に配慮しましょう。

- 園内の環境についての理解を促すため、位置を表す言葉を使用しながら一緒に園内を移動し、少しずつ理解できるようにしていく
- 曲がり角や自分のロッカーの場所など、触ってわかるようにする
- 園のなかで基準となる場所を決め、そこからの位置関係を把握できるようにする
- 危険にならないように通路によけいなものを置かない、突起があるものなどを置かない
- 視覚障害のある子どもが園内の環境を把握するための手がかりとしているものを移動したり取り外したりしない
- 視野障害など子どもによって見え方の違いがあるため、個々に合わせた配慮をする

　安心・安全を確保することにより、視覚障害のある子どもが、積極的に体を動かしたり、周囲に働きかけられるようにしていくことが大切です。

③ 集団生活における配慮

　視覚障害のある子どもは、見えにくいことによってとってしまう行動（ブラインディズム）があります。たとえば、あいさつをされても気づかずに無視をしたようになってしまう、しっかり見ようとして目をしかめたためににらんだような表情になってしまう、表情などがわからず相手の感情に合わせた行動ができないなどです。これらの行動は、視覚障害のある子どもにとっては適応的な行動でもあるため、そのような誤解によって子どもたちの関係が悪くならないよう、ほかの子どもたちに視覚障害についての理解を促すことが大切です。

プラスワン

ブラインディズム
盲の子どもにみられる、目を押す、体をゆするなどの自己刺激的な行動。こうした行動もほかの子どもからすると奇異に見える。

2　聴覚障害児の理解と支援

1　聴覚障害とは

① 聴覚障害の定義

　聴覚障害のある子どもと聞いて、どのような子どもをイメージするでしょうか。まったく聞こえていない状態を想像したり、補聴器や手話でコミュニケーションをとっている子どもを想像したりするかもしれません。聴覚障害にもさまざまな種類があり、コミュニケーションのしかたも子どもによって異なります。

　そもそも聴覚障害とはどのような状態をいうのでしょうか。聴覚障害の法律上の定義は、医療や福祉の領域なのか、教育の領域なのかで異なります。医療や福祉の領域の定義は、次の「身体障害者福祉法」のとおりです。

「身体障害者福祉法」　別表（第4条、第15条、第16条関係）
1　両耳の聴力レベルがそれぞれ70デシベル*以上のもの
2　一耳の聴力レベルが90デシベル以上、他耳の聴力レベルが50デシベル以上のもの
3　両耳による普通話声の最良の語音明瞭度が50パーセント以下のもの
4　平衡機能の著しい障害

また、教育領域の定義は、次の「学校教育法施行令」のとおりです。

「学校教育法施行令」第22条の3
両耳の聴力レベルがおおむね60デシベル以上のもののうち、補聴器等の使用によつても通常の話声を解することが不可能又は著しく困難な程度のもの

このように、聴覚障害とは、身のまわりの音や話し言葉がほとんど聞こえない人や、著しく聞こえにくい状態にあることをいいます。

② 聴覚障害の種類

聴覚障害は、大きく分けると聾と難聴があります。聾がある人は音をほとんど聞くことができないため、聴覚以外の感覚を活用して周囲の情報を獲得します。難聴がある人は、残っている聴力を活用しつつ、ほかの感覚からの情報を使って生活します。

さらに、難聴は、音が脳に伝わるまでのどの部分に障害があるかによって、伝音難聴と感音難聴があります。このことを理解するため、聞こえの仕組みについて理解しましょう。

耳には、外耳、中耳、内耳があります（図表4-2）。外耳では、空気中を伝わってきた音の振動が、耳介によって集められ、外耳道をとおって鼓膜を振動させます。次に、中耳において、音は耳小骨を振動させて内耳に

図表 4-2　耳の構造

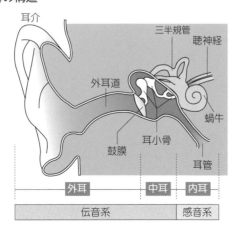

伝わっていきます。内耳では、音はリンパ液の振動として伝わり、さらに、蝸牛にある有毛細胞で、音を電気信号に変換します。その電気信号が聴神経をとおって脳に伝わり、音や言葉の意味が理解されます。

聴覚障害とは、こうした音が伝わる経路のどこかに障害があることによって生じます。これらの経路のうち、外耳、中耳を伝音系といい、この部分に障害がある場合を伝音難聴といいます。また、内耳以降を感音系といい、この部分に障害がある場合を感音難聴といいます。さらに、伝音難聴と感音難聴の両方がある場合を混合難聴といいます。

伝音難聴があると、音そのものが聞こえにくい（小さく聞こえる）状態となります。伝音難聴の場合、後述する補聴器を装用することにより、聞き分けの効果がかなり期待できます。感音難聴があると、音は聞こえていても、高い音が聞こえなかったり、低い音が聞こえなかったり、音がぼやけてしまうなど、正確に聞き取ることができない状態となります。補聴器を使っても音がゆがんで聞こえます。

なお、どのくらいの大きさの音が聞こえるのか、どの高さの音が聞きやすいかなどは一人ひとり異なります。

2　聴覚障害児の特徴

聴覚障害のある子どもは、聴覚からの情報を得ることが難しいために、次のような特徴を示します。

① 聞こえないために情報が得られない

聴覚障害があると、後ろから声をかけられたりしても気づかないことが多くあります。周囲の子どもがその子の聴覚障害のことを知らなかった場合、無視されたと感じてしまうこともあります。また、聴覚障害のある子どもは、音声だけでなく、口の形や表情などを頼りにしながら相手のいっていることを理解していることが多くあります。したがって、正面から1対1で話をした場合は、内容をおおよそ理解できても、複数人で会話をしていて正面から相手の口の形を確認することができなかったり騒がしい環境であったりすると、話の内容を正確に理解できないことがあります。

② 見た目に障害があるとわかりにくい

聴覚障害は見た目にはわかりくいため、障害があることをなかなか気づかれない場合があります。集団活動などの場では、言葉や音が聞こえなくても周囲の子どもの動きなどの視覚的な手がかりをもとにして、ワンテンポ遅れながらもその場に合った行動をとることができることがあります。それ自体は、子ども自身の適応的な行動としてとらえられますが、一見すると問題がないようにみえるため、聴覚障害が見逃されてしまうこともあります。それによって、必要な補聴器の装用や聴能言語訓練＊を受けないまま、貴重な言語獲得の機会や音を楽しむ活動を経験する機会を失ってしまうことにもなります。保育者は、たとえばその子どもの行動が聴覚的手がかり（聞いて判断）によるものか、視覚的手がかり（見て判断）によるものかを見極めるなど、音や人の声への反応や言語理解の発達をよく観察することが大切です。

聴覚障害のある子どものなかには、聞こえているようにみえて実際はあまり情報が入っていなかったりする子どももいます。音を聞き取りやすくするとともに、口の形など本人が手がかりとしている情報を確認しやすくするなどして、情報をとらえやすい状況を確保しましょう。

重要語句

聴能言語訓練（聴能訓練）

→難聴の人が残っている聴力を活用できるようにする訓練。補聴器などを装用しても、すぐに正確に聞き取れるようになるわけではないため、会話の声を聞き分けられるように訓練する必要がある。

3　聴覚障害児の支援

聴覚障害のある子どもの保育では次のような点に配慮しましょう。

① 聴覚情報の不足を補う配慮

聴覚障害のある子どもの情報獲得を保障し、子ども自身が保育者の指示を理解して、自分で判断をするような機会をつくることが大切です。そのためには、聞き取りやすく視覚的手がかりを得やすい環境を整えることで、情報の伝わりにくさを解消していきます。たとえば、次のような点への配慮が必要です。

> ・話し手に集中していないときには、肩を叩いて顔と顔を合わせるなど、あらかじめ注目するように促してから話し始める
> ・本人に口の動きが見える位置で、はっきりした口の形で話しかける
> ・聞き取りやすいように、ゆっくりと話す（ただし、1音ずつ区切るような話し方は正しい日本語の構音（口形）でなくなる場合もあるので注意する）
> ・子どもたち全体に対して説明をするときは、まわりの子どもたちがおしゃべりをやめて静かな状態になってから説明を始める。必要に応じて、静かな環境で個別に説明をする
> ・音声による言語理解には限界があるため、絵やジェスチャー、手話、指文字、キュードスピーチ、文字などを同時に示す（図表4-3）

図表4-3　聴覚障害のための主なコミュニケーション方法

読話	相手の口の動きや会話の前後関係から話の内容を類推する方法。1対1で話をするときは有効だが、同口形異音語*を混同しやすい
キュードスピーチ	口と手で母音と子音を表現することで日本語の音を表現する方法
手話	手や体の動き、表情などでコミュニケーションをとる方法
指文字	文字を指で表す方法
筆談	正確に表現できるが、長い文は理解しにくくなる

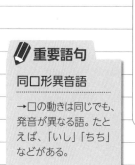

重要語句

同口形異音語

→口の動きは同じでも、発音が異なる語。たとえば、「いし」「ちち」などがある。

② 集団生活における配慮

保育所等における集団生活では、友だちと遊んだり一緒に活動したりするなかで、コミュニケーションやルール、役割などさまざまなことを学んでいきます。聴覚障害があってもそうした体験を十分に得られるように、子どもの聞こえの特徴を踏まえて、情報の獲得を保障することが大切です。聞こえの状態は子どもによって異なるため、保護者と相談しながら、その子どもに合わせた支援方法を考えていく必要があります。

また、後述する補聴器や人工内耳をつけている聴覚障害の子どもに対し、周囲の子どもたちが興味を示し、その子をからかったり、補聴器・人工内耳を触ったりすることもあります。これらは聴覚障害のある子どもにとっ

て大切なものであるとともに、精密機械でもあるため、子どもたちに十分注意するよう説明することが大切です。一方で、補聴器や人工内耳に興味を示すことは、聴覚障害のある友だちについて理解を深める大事な機会でもあります。

③ 補聴器・人工内耳の取り扱い

　新生児聴覚スクリーニング検査*などにより、早い段階から聴覚障害がみつかり、補聴器や人工内耳をつけ始めている子どもも増えています。したがって、保育者は、これらの補聴器や人工内耳の取り扱いについて理解しておく必要があります。

　聴覚障害があると、補聴器や人工内耳などの聴覚補助機器を使用します。補聴器は、入ってきた音を大きくして聞こえるようにする機械です。それに対し、人工内耳は、手術によって蝸牛に電極を挿入し、外部からの音声を電波に変換して電極から電流を流すことで直接聴神経に信号を伝える器具です。人工内耳は、原則として、補聴器の効果が得られない子どもに対して適用されます。

　補聴器や人工内耳をつけても話が自然にすべてわかるようになるわけではないため、絵や実物、口形や身振りなどの視覚的な情報もあわせて提示し、聴覚障害のあるなしにかかわらず、わかりやすいコミュニケーション環境をつくることが大切です。また、補聴器や人工内耳は水に弱いため、水遊びのときには補聴器や人工内耳を外すとともに、夏などの暑い時期には汗を吸う補聴器カバーなどをつける必要があります。

重要語句

新生児聴覚スクリーニング検査

→聞こえの問題を早期に発見するために、生まれて間もない子どもに行う検査。聴覚障害を早期に発見し、必要な対応を行うことにつなげるための検査である。

おさらいテスト

❶ 視覚障害・聴覚障害とも、［　　　　］がある。

❷ 視覚障害のある子どもには、環境に積極的に働きかけられるように、［　　　　］を確保できる工夫をする。

❸ 聴覚障害のある子どもは、［　　　　］をしても、言葉を正確に聞き取れているわけではない。

視覚障害の疑似体験

次のような場面について、視覚障害の疑似体験をしてみましょう。

①見ることが難しい状態で工作や折り紙をする。
・ペアやグループになって、1 人がアイマスクをつけたり目をつぶる。
・そのほかのメンバーが、言葉や手を添えるなどによって、工作や折り紙の活動の援助をする。
・終わったら、アイマスクをつけたり目をつぶる役を交代して同じように取り組む。
・最後に、感想をいい合い、適切な援助を考える。このとき、単に活動を終えられればよいのではなく、自発的に取り組めた感じはあるのか、どのような援助があればよかったのかを考える。

②絵本の内容をイメージする。
・ペアになって、1 人がアイマスクをつけたり目をつぶる。
・もう 1 人の人が絵本を読む。このときできるだけ伝わるように工夫する。
・終わったら、アイマスクをつけたり目をつぶる役を交代して同じように取り組む。
・最後に、感想をいい合い、適切な援助を考える。このとき、どのような絵本であればイメージしやすいのか、どのように工夫されるとイメージしやすいのかを考える。

4 コマ目

視覚障害児・聴覚障害児の理解と支援

聴覚障害の疑似体験

- -

　耳栓などを使ったり、耳を塞いだりして聞こえにくい状態にして、次の3つの場面を体験してみましょう。また、それぞれの場面で感じたこと（どんなときに困ったのか、どのようにしてほしかったのか）を言いながら、適切な援助を考えてみましょう。

①1対1で会話をする（聞くだけでなく自分自身も話をしてみる）。

②複数人で会話をする（聞くだけでなく自分自身も話をしてみる）。

③先生の話を聞いたり絵本を読んでもらう。

演習課題

視覚障害・聴覚障害がある子どもが
一緒にできる活動を考えよう

- -

　視覚障害あるいは聴覚障害がある子どもがいるクラスを想定し、どのような活動であれば、皆が楽しく主体的に取り組むことができるのかを考えましょう。また、その活動における配慮のポイントをとりあげ、グループで共有しましょう。

①視覚障害がある子どもの場合

●活動の内容

●配慮のポイント

②聴覚障害がある子どもの場合

●活動の内容

●配慮のポイント

言語障害・場面緘黙のある子どもの理解と支援

今日のポイント

1. 言語障害児と話すときは、話し方ではなく、話す内容に注目する。
2. 吃音や構音障害は言い直しさせず、子どもの言葉をゆっくりと聞いてあげる。
3. 場面緘黙児は不安や緊張のために話せないので、話すことを強要しない。

1 言語障害の理解

1 言語障害とは

　幼児期の言葉の問題には、初語が遅れる、言葉の数（語彙数）や会話が増えない、言葉の理解が難しい、色・形・大きさなどの概念の理解が難しい、発音がはっきりしないなどがあり、言葉の遅れの程度や内容は子どもによってさまざまです。ここでは、言語障害の基本と保育上の対応について学びます。

> 言語障害とは、発音が不明瞭であったり、話し言葉のリズムがスムーズでなかったりするため、話し言葉によるコミュニケーションが円滑に進まない状況であること、また、そのため本人が引け目を感じるなど社会生活上不都合な状態であることをいいます。
> （出典：文部科学省ホームページ　https://www.mext.go.jp/a_menu/shotou/tokubetu/mext_00806.html 2021年1月12日確認）

2 言葉が出る仕組みと言語障害

　私たちが言葉を話すときには、体のどのような仕組みを使って音を出し、発音しているのでしょうか。ためしに、好きな食べ物の名前を1つ声に出して言ってみましょう。

　私たちが話すときには、喉の奥にある声帯という薄い膜を振動させて発声しています。発声は、構音器官（口や舌、唇など）の動きによって、いろいろな音として発音されるのです（図表5-1）。

　ふだん話をするときには、まず、頭のなかで何を話すか考え、言葉にするかと思います。会話をするときには、相手の言葉も理解することが必要

幼児の保護者からの発達相談には、言葉に関するものがよくあります。1〜3歳ごろまでは言葉の遅れについて、4歳〜就学前は、発音、言語理解・やりとり言葉についての相談が多くなっています。

図表5-1　発声の仕組み

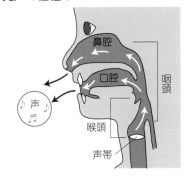

です。このことには、大脳の言語中枢が関係します。私たちは大脳の働きにより、適切に言葉を話したり、理解したりできるのです。

　これらの流れのどこかに問題がある場合、言語障害となります。

3　言語障害の種類

　言語障害には、構音障害、吃音、言語発達障害、音声障害などがあります。幼児期によくみられるものは3つあります（図表5-2）。

図表5-2　幼児期の主な言語障害

① 構音障害

　構音とは発音のことで、構音障害とは、年齢的に可能と思われる発音ができない症状のことです。構音障害は、原因によって大別すると、器質性構音障害と機能性構音障害に分けることができます。
・器質性構音障害……口唇裂、口蓋裂のように、口やのど、鼻の発声器官の異常によるもの。
・機能性構音障害……発声器官や運動機能に問題はないのに発音がひずんだり、正しく発音できなかったりするもの。

　母親のおなかのなかで成長するとき、胎児の顔は、左右から伸びるいくつかの突起がくっつくことでつくられます。しかし、何らかの原因で、生まれてくるまでに、唇をつくる突起がくっつかずに上唇が割れている状態を口唇裂といい、上あごをつくる突起がくっつかなかった状態を口蓋裂といいます。多くの場合、生後早い段階で、口唇や口蓋を縫い合わせる形成手術をします。

② 吃音

　吃音とは、話すときに言葉に詰まったり、言葉を繰り返したりして、滑

5コマ目

言語障害・場面緘黙のある子どもの理解と支援

📣 **プラスワン**

口唇裂、口蓋裂にともなう症状

手術前は、構音障害のほか、母乳やミルクを飲むことが難しい、食べ物を噛んだり飲み込んだりすることが難しい、耳管に入るばい菌による中耳炎になりやすいなどがある。これらは形成手術後に改善することも多い。一方、術後、歯列矯正や複数回の手術、引き続き言語訓練が必要な場合もある。

図表5-3　吃音の話し方

最初の音の繰り返し（連発）		「ぼ、ぼ、ぼくね」「そ、そ、それで」
最初の音の引き伸ばし（伸発）		「ぼーーくね」「そーーれで」
最初の音のつまり（難発、ブロック）		「……ぼく」「……そっ…れで」

吃音のことを以前は「どもり」と呼ぶことがありましたが、これは差別的ないい方のため、現在は吃音と呼びます。

らかに話せない症状をいいます。2～5歳ごろに発症することが多く、性別では男児に多いです。はっきりした原因は不明ですが、親の育て方や子どもの性格が原因ではありません。多くは生まれつきの体質ではないかと考えられています。吃音の話し方には、「連発」「伸発」「難発」の3つがあります（図表5-3）。

③ 言語発達障害

　言語発達障害とは、年齢に比べて語彙数が少ない、言葉の理解や言語概念の形成につまずきがあるなどの言語発達の遅れです。知的障害（➡2コマ目を参照）や自閉スペクトラム症（➡6コマ目を参照）などの障害による場合が含まれます。

2　言語障害のある子どもの特徴：症状・様子

1　構音障害のある子ども

　構音障害のある子どもの様子をみてみましょう（図表5-4）。

プラスワン

言語障害をともなうほかの障害

聴覚障害や運動まひによる構音障害や言語発達障害がある。

図表5-4　構音障害のある子どもの会話（例）

図表 5-5　具体的な構音の誤りとその例

構音の誤り（置換）	構音の誤りの例
カ行音→タ行音（キ→チ）、キャ行音→チャ行音、サ行音→タ行音　サ行音→シャ行音、ラ行→ダ行　など	らいおん→だいおん、さる→たる、たこやき→たとやき、かたたたき→たたたかき、テレビ→テービ、ごはん→ごあん、タクシー →タトゥシ・カクシ、リンゴ→グィンゴ

　構音の誤りは、「置換」「省略」「ゆがみ」に分類されます。
　図表 5-4 では、「おかあたん」は、「さ」を「た」と発音しています。これを置換といいます。置換は子音部分がほかの子音に置き換わる状態です。
　「あなび」は、「は」の子音が発音されず、「あ」になっています。これを省略といいます。省略は子音部分が抜けて母音だけ聞こえる状態です。
　「ふぁかな」は、さかなの「さ」が「ふ」と「ひゃ」の中間の音になっています。これをゆがみといいます。ゆがみは、省略、置換のいずれにも分類されない誤りのことです。
　図表 5-5 に、具体的な構音の誤りとその例を示します。
　子どもの構音発達には一定の順序性があり、早い時期に発音ができるようになるものと発音の完成が遅い音があります。子音の発音が完成するのは大体 6 〜 7 歳ごろです。幼児音といわれる発音の誤りは、多くの場合、自然治癒しますが、治癒しない場合は言語聴覚士＊による指導を受けます。

2　吃音のある子ども

　吃音のある子どもは、いつも滑らかに言葉が出ないわけではありません。吃音のある子どもにはそれぞれ、言いやすい言葉と言いにくい言葉があります。またそのときの状況によって吃音が出やすい場面や、出にくい場面があります。図表 5-6 にその例を示します。

図表 5-6　言いやすい言葉と言いにくい言葉

保育者：おいしそうなお料理ね。
Cさん：せんせい、から、から、から、から揚げ。
（保育者に皿を差し出す。）
保育者：いただきまーす。おいしい。

せんせい➡（Cさんが言いやすい言葉）
からあげ➡（Cさんが言いにくい言葉）

語句説明

言語聴覚士

→音声機能、言語機能または聴覚に障害のある者に言語訓練や検査などを行う専門職（国家資格）である。ST（Speech Therapist）と呼ばれることもある。

プラスワン

吃音の原因

まだ完全には解明されていないが、素因的な要因（吃音のなりやすさ）と、環境の要因がある条件で組み合わさったときに生じるのではないかと考えられている。

5 コマ目

言語障害・場面緘黙のある子どもの理解と支援

吃音の経過は子どもによって違います。徐々に重度で複雑な吃音症状になる子どももいれば、軽い症状のまま続く子ども、吃音がまったくなくなってしまう一過性の吃音の子どももいます。海外の研究では、吃音がある子どものうち70〜90％程度は、就学前に吃音が消失するといわれています。

3 言語障害のある子どもの支援

1 専門的支援

口唇裂・口蓋裂のように、生後早い段階で医療を必要とする場合もあれば、吃音や構音障害のように、言葉によるコミュニケーションが多くなる3歳ごろから症状が顕著になる場合もあります。言語訓練の時期は症状により違うため、適切な時期に専門的支援につなげることが大切です。児童発達支援センターや医療機関では、言語聴覚士による訓練を受けられます。また、近隣の小学校などのことばの教室で就学前児の相談や指導をしている場合もあります。

構音障害の言語訓練では、言語検査*の一つである構音検査により発音の状態を把握した後、図表5-7のステップで指導を行います。

図表5-7　構音障害の言語訓練のステップの例

言語訓練では、日常会話で正しく音が出せるようになるために、絵や文字のあるカード、鏡、マイクや吹く教材（紙吹雪やストロー、笛）などを活用し、子どもが興味をもって指導を受けられるようにします。

2 保育のなかでの支援

言語障害児には専門的支援が重要ですが、同時に、保育所や家庭においても適切な支援が大切です。言葉が不明瞭なために相手に伝わりにくい場合、何回も聞き返されたり、言い直しさせられたりすることがあります。このような対応によって、あまり発言しないようになってしまったり、不適応行動につながったりする子どももいます。

関わり方で気をつけたいポイントを以下に述べます。言語障害があると、発音がはっきりしなかったり、滑らかに言葉が出てこなかったりするために聞き取りにくかったりしますが、言葉の言い直しをさせないようにします。そして子どもが安心できる雰囲気のなかで、ゆっくりと話せるようにします。保育者はわかりやすい言葉で話しかけ、短く答えやすい質問をしましょう。また、言葉だけに頼らず別の方法で返事ができるような配慮や、

重要語句

言語検査

→構音の検査には新版構音検査があり、言語発達検査には、国リハ式＜S-S＞法言語発達遅滞検査や絵画語彙発達検査(PVT)などがある。

プラスワン

授乳のしかた

口唇裂・口蓋裂のある子どもは縦抱きで授乳するとよい。また、口唇裂・口蓋裂があると、母乳を吸うことが難しいため、専用の乳首と哺乳瓶や上あごの穴をふさぐプレート（ホッツ床）を使う子どももいる。

図表5-8　言語障害児への接し方

間違った接し方（ ✕ ）	よい接し方（ ◯ ）
「何が言いたいの？」とせかす	言葉が出るまでゆっくり待つ
「もう1回言ってごらん」と言い直しさせる	ゆっくり、ゆったりと話す
「ゆっくり話しなさい（落ち着いて話しなさい）」と指示する	顔を見たり、うなずくなど、聞いているというサインを出す
発音の間違いや話し方に注目する	話の内容に注目する

うなずきや首ふりで返答できる質問をするのもよいでしょう（図表5-8）。
　また発音は、CSS（Chewing：噛むこと、Sucking：吸うこと、Swallowing：飲み込むこと）といった口腔機能と関係します。保育や家庭での生活で、食べ物をよく噛むことや吸ったり吹いたりする遊びをとおして、発音に必要な口や舌の機能を意識することも大切になります。

4　場面緘黙の理解

1　場面緘黙とは

　場面緘黙（ばめんかんもく）とは、言葉の理解や発語に障害はなく、家庭において家族とは自由に話せるにもかかわらず、保育所や学校などの社会的な場面で話せないことを特徴とする不安障害の一つです。選択性緘黙ともいいます。性別では、女児に多いことがわかっています。

図表5-9　場面緘黙の診断基準

> 1．家などでは話すことができるにもかかわらず、ある特定の状況（たとえば学校のように、話すことが求められる状況）では、一貫して話すことができない。
> 2．この疾患によって、子どもは、学業上、職業上の成績または社会的な交流の機会を持つことを、著しく阻害されている。
> 3．このような状態が、少なくとも一ヶ月以上続いている。
> 　（これは、学校での最初の一ヶ月間に限定されない）
> 4．話すことができないのは、その子がその社会的状況において必要とされている話し言葉を知らない、または、うまく話せないという理由からではない。
> 5．コミュニケーション障害（例えば、吃音症）ではうまく説明できない，また，自閉症スペクトラム障害、統合失調症またはその他の精神病性障害の経過中以外に起こるものである。

出典：DSM-5

5コマ目

言語障害・場面緘黙のある子どもの理解と支援

プラスワン

場面緘黙となる状況

場面緘黙のある子どもは、場所や人、その場の活動によって、強い不安を感じたり、楽しく自分らしく参加できたりする状況が異なる。話せない場面は、「場所」「（そこにいる）人」「活動内容」の3つの要素で決まる。

　場面緘黙は、早期発見と早期支援が大切です。診断には、場面緘黙の状態が1か月以上続いている必要がありますが、入園後数か月は園に慣れていないため、緘黙児でない子どもも言語的コミュニケーションが不足することがあるので、ていねいに観察しましょう（図表5-9）。

5　場面緘黙のある子どもの特徴

　場面緘黙のある子どもには、家庭以外でまったく話さない子どももいれば、特定の友だちと話ができたり、限られた場所では少し話せる子どももいます。また不安や緊張があるため、言葉を発しないだけでなく、次のような行動を示す子どももいます。
・集団活動に参加したがらない
・他児と一緒に着替えができない
・他児と一緒に給食を食べることができない
・保育所のトイレに行きたがらない
　このように、場面緘黙のある子どもが話せない場面や様子はさまざまですが、図表5-10のように共通する特徴もあります。

図表5-10　場面緘黙のある子どもに一般的にみられる特徴

・言語的に応答し、言語的に伝えることが難しい ・非言語的コミュニケーションが難しい場合もある ・一般的に平均あるいは平均以上の知的能力がある ・感覚が鋭く、敏感である ・不安になると硬直、肩の緊張、表情のこわばりなどの身体の固まりや、ぎこちない身体の動きがみられる ・アイコンタクトが少ない ・質問してから、子どもが反応するまで時間がかかる

出典：エイミー・コトルバ／丹明彦監訳、青柳宏亮・宮本奈緒子・小暮詩織訳『場面緘黙の子どものアセスメントと支援——心理師・教師・保護者のためのガイドブック』遠見書房、2019年

6　場面緘黙のある子どもの支援

1　早期発見と早期支援
　場面緘黙のある子どもは、周囲からの配慮がない場合、緊張感や不安感を抱えたままで集団生活を過ごすことになります。場面緘黙のある子どもは、話さないことで、保育所などの社会的な場面の不安から自分を守っているのです。しかしその状態が長く続くと緘黙が固定化してしまいます。

プラスワン

全緘黙児
家庭でもまったく話さない全緘黙児もいる。

プラスワン

非言語的コミュニケーション
文字のほか、ジェスチャー、視覚的素材（写真や絵、サイン）の利用などがある。

図表 5-11　早期発見・早期支援の重要性

```
不安で話さない  ➡  緘黙により気持ちが安定  ➡  緘黙が固定化
```

不安になりやすい、発音が苦手など
話さないと安心
話さないことが普通

＋環境要因

早期発見・早期支援

プラスワン

その他の支援
言語障害のある子どもや緘黙の子どもへの専門的支援には、言語療法のほか、必要に応じて行動療法、インリアルアプローチ、箱庭療法などの心理療法も行われる。

　場面緘黙の固定化を防ぐため、周囲の大人が早期に気づき、適切な対応を行うことが大切です（図表 5-11）。

　集団場面では、一見おとなしい子あるいは保育所に慣れていない子ととらえられ、緘黙に気づかれない場合があるため注意しましょう。集団場面でまったく話さない状態がしばらく続く場合には、保護者に家庭での会話の様子を詳しく聞いてみるとよいでしょう。

2　関わり方の工夫

　保育者は、緘黙のある子どもに親しみをもち、子どもが安心できる、温かい関係を築きましょう。無理やりに話させようとすることは禁物です。また安心感をもてるような状況をつくることも必要になります。

① 安心できる状況の工夫

　朝の会などの集まりでは、仲のよい友だちの近くに座らせたり、好きな活動ができるように工夫します。また、保育者と安心できる関係を築くために、子どもの好きな遊びを一緒にしたり、集団活動のなかにその子どもが興味を示す、楽しい場面を設定したりします。

② 活動中のコミュニケーション

　場面緘黙のある子どもは、発話がなくてもコミュニケーションはできるため、話さなくても意思の疎通ができるような工夫をしましょう。

　たとえば、うなずき、指さしなどのジェスチャーで表現することで、意思を伝えられるように工夫したり、お絵かきなどの制作活動を活用してもよいでしょう。

③ 話しかけ方

　話しかけるときには、子どものやっていることを認めたり、褒めたりするなど、肯定的な言葉で話しかけましょう。また、返事をしなくてもすむように話しかけることでもよいのです。たとえば保育者がしていることや状況を説明してみましょう。

　話しかける位置は、正面からじっと見つめると子どもが緊張するため、子どもの目を見つめないように、子どものそばに寄り添って話しかけます（図表 5-12）。

　子どもが安心してきたら、少しずつ目を合わせる機会を増やしてもよいでしょう。

5
コマ目

言語障害・場面緘黙のある子どもの理解と支援

④ やってはいけないこと

　話すように強要したり、プレッシャーをかけてはいけません。「話してみて」「声をだして」「〇〇って言ってごらん」などの間違った関わりは、症状を悪化させます（図表5-12）。

図表5-12　場面緘黙児に対する話しかけ方とやってはいけないこと

❶ 言語障害児と話すときは、話し方ではなく、[　　　　]に注目する。
❷ 吃音や構音障害は[　　　　]させず、子どもの言葉を[　　　　]聞いてあげる。
❸ 場面緘黙児は[　　　　]のために話せないので、話すことを強要しない。

演習課題

言語障害のある子どもへの関わり方を考えよう

演習テーマ 1 考えてみよう

場面緘黙のある子どもへの関わり方の工夫を考えてみましょう。

①設定保育：製作活動

[
]

②設定保育：音楽活動

[
]

③給食の場面

[
]

④自由遊び場面

[
]

演習テーマ 2 探してみよう

　クラスでできる遊びのなかから、言語障害のある子どもが参加しやすい遊びを探してみましょう。

①言葉をあまり使わない遊びのなかで、ほかの子どもとのペアや小さなグループで、相互に交流できる遊び。

[
]

②言葉を使う遊びのうち、言葉を使わなくてもすむようにアレンジできる遊び。

[
]

他児への対応をロールプレイしてみよう

- -

　構音障害のある子どもや吃音のある子どもの話し方について、保育者に他児が質問してきました。どのように対応したらよいでしょうか。

　グループに分かれ、保育者役、他児役、言語障害や緘黙児役を決め、ロールプレイをしたあと、話し合ってみましょう。

①口唇裂・口蓋裂による器質性構音障害がある子どもに対する他児の反応：「どうして、傷があるの？」「どうして、はっきり話さないの？」

②吃音のある子どもに対する他児の反応：「どうして、へんな話し方をするの？」

③場面緘黙のある子どもに対する他児の反応：「どうしてしゃべらないの？」

演習課題 ✎

保育上の特別な配慮を考えよう

- -

　保育行事のなかで、子どもが発言する機会のある行事があります。次の①②について考えてみましょう。

①子どもが発言する機会のある保育活動にはどのような活動があるでしょうか。

②①の活動の際、言語障害のある子どもにはどのような特別な配慮ができるでしょうか。
　グループで話し合ってみましょう。

発達障害児の理解と支援①： ASD

1. ASDはコミュニケーションの苦手さとこだわりをもっている。
2. ASDの行動特性は幅が広く、重症度や発達段階によって大きく変化する。
3. ASDの支援は個々の苦手さをカバーした通常の保育実践である。

1 ASDとは

1 ASDとはどのような障害か

皆さんは、あいさつをしますか？ 「おはよう」と声をかけられたとき、皆さんは、どうして「おはよう」と返すのでしょうか？

もし、「おはよう」と言われたときに何も言わずにすれ違ったら、どこか気まずいでしょう。あいさつをするのは、通常、その人とよい関係になりたい、関係を保っていたいという気持ちが働くからです。

さて、筆者が勤務していた保育所に、こんな4歳の男の子がいました。

事例　おはようの代わりに何度も名前を尋ねるカズくん

○○保育所では、毎朝保育者がお出迎えをしています。子どもたちも園に慣れた5月の中ごろ、ゆう先生はクラスの子どもたちを出迎えながら「おはよう！」と声をかけていました。どの子も声をかけられるとうれしそうにゆう先生を見上げて、「ゆうせんせいおはよう！」と返事をしていました。カズくんも、園バスから降りるとクラスに向かいました。ゆう先生は、カズくんにも「おはよう！」とあいさつをしました。すると、カズくんは胸の前に両手をもってきて指を忙しそうに動かし、跳びはねながら、①「お名前何ですか？」と返したのでした。ゆう先生もわかっていて、「しみずゆうです」と言うと、カズくんは「はい、よく言えました！」と手をたたきながらうれしそうに笑い、クラスに入って行きました。

後日、ゆう先生があいさつを教えようと「カズくん、おはようだよ」と返答すると、②カズくんは視線を外して宙をみつめながら「お名前なんですか…」とつぶやきながら通り過ぎて行きました。

下線①の場面　　　　　下線②の場面

　カズくんは、自閉スペクトラム症（以下、ASD）と診断されています。ASDには2つの特徴があります。一つは、人と適切にコミュニケーションをすることが難しかったり人への興味関心に基づく気持ちの動きがないか、あってもとても小さかったりするという特徴です。事例のなかの朝の場面で、カズくんがとった下線①の行動は、適切なコミュニケーションとはいえません。そして、下線②の行動からは、カズくんがゆう先生と関わりたいと思っているのかという疑問が生じます。

　ASDのもう一つの特徴は、同じ行動を繰り返す、限られた一定のやり方でものを繰り返し使う、特定の言葉やフレーズを繰り返すというものです。カズくんは胸の前に両手をもってきて指を忙しそうに動かしていました。これは常同行動といい、この特徴の一つの例です。また、カズくんは、ほかの先生にも同様のパターンで名前を聞き、「はい、よく言えました！」と拍手をしていました。こうした儀式的様式も特徴ととらえることができます。また、ASDには、感覚の異常がみられることもあります。カズくんも赤ちゃんの泣き声やCDをかけるときの高周波の音をとても嫌がり、耳を塞いで「止めて！」と叫ぶことがありました。感覚の異常は音（聴覚）だけではなく、視覚・嗅覚・味覚・触覚でもみられ、過敏＊であることも鈍麻＊であることもあります。

2　診断と有病率

　精神疾患の診断に用いられる手引きの一つに、DSM-5（➡2コマ目を参照）があります。DSM-5では、前述の2つの特徴が幼児期の早期に認められ、こうした特徴のために日々の活動が制限される、またはうまくいかないときにASDと診断されることになっています（図表6-1）。

　「スペクトラム」というのは、連続しているという意味で使われていま

図表6-1　ASD（自閉スペクトラム症）の診断基準

・持続する相互的な社会的コミュニケーションや対人的相互反応の障害
・限定された反復的行動、興味、または活動の様式
上記の2つの症状が幼児期早期から認められ、日々の活動を制限するか障害する

出典：DSM-5をもとに作成

6コマ目　発達障害児の理解と支援①‥ASD

図表6-2　ASDの重症度

レベル3	非常に十分な支援を要する
レベル2	十分な支援を要する
レベル1	支援を要する

注：重症度は、「社会的コミュニケーション」と「限定された反復的な行動」の2つの特徴それぞれに判断される。
出典：図表6-1と同じ

図表6-3　ASDと読み替えることのできる言葉

早期幼児自閉症、小児自閉症、カナー型自閉症、高機能自閉症、非定型自閉症、特定不能の広汎性発達障害、小児期崩壊性障害、アスペルガー障害

す。特徴がまったくみられない人から、特徴がはっきりとみられる人の間にたくさんの中間が存在し、連続的につながっているということを表しています。

　DSM-5で新しく導入された考え方の一つに重症度があります。通常、重症度といえば、たとえば微熱よりも高熱のほうが重症だというように、子どもが示す症状の重さを示します。一方、ASDの重症度は、「支援の必要度合い」によって決められています（図表6-2）。ASDという診断名は、以前にはさまざまに呼ばれていた障害を包括していますので、図表6-3にまとめた言葉はASDと同じと考えて差し支えありません。また、ASDは、神経発達症群という一つの大きなカテゴリーに含まれています。

　ところで、ASDのある人はどのくらいいるのでしょうか。アメリカ小児科学会（2020）によると、ASDの有病率は59人に1人（約1.7%）です。性別では、男性は女性よりも4倍多く診断されています。

3　「スペクトラム」という特徴

　ASDの特徴は、特定の行動だけで示されるものではありません。ASDでも先の2つの特徴は必ずあるのですが、表面化する特徴的言動や状態は、自閉症状の重症度、発達段階、年齢によって大きく変化します。そのため、「スペクトラム」という言葉で表現されているのです。カズくんと筆者との付き合いは、20年近くになります。20歳を超えたカズくんは、もう胸の前で指を動かすことはしませんし、会ったときに「お名前何ですか？」とは聞きません。しかし会話の途中で唐突に別の話題を話しはじめたり、筆者のメガネのメーカーについて何度も尋ねてきたりします。

4　あわせてもちやすい障害や症状

　カズくんは、細かな作業をすることが苦手で、不器用さがありました。ひもにビーズを通す課題をしようとすると「やだ！」と言ってやらないこともありました。ASDのある人は、ほかの障害や症状をあわせもつことが少なくありません。保育をする際に、自閉症状だけでは子どもが困ってい

図表 6-4　ASD とあわせてもちやすいほかの障害や症状

神経発達症群	知的障害、言語症、注意欠如・多動症、発達性協調運動症、限局性学習症
運動面	奇妙な歩き方、ほかの運動徴候の異常（例：つま先歩き）
身体面	便秘、肥満、てんかん発作
精神・行動面	睡眠障害、摂食障害 自傷（例：頭を打ち付ける、手首を噛む） 秩序破壊的／挑発的行動[*1] 不安・抑うつ[*2]、緊張病様の運動行動[*3]

注：*1　知的障害をあわせもつほかの障害よりも、ASD のある子どもや青年でより頻繁に認められる。
　　*2　青年や成人でもちやすい。
　　*3　動作が緩慢となったり、途中で止まったままであったりする状態。

る理由を理解できないことがあります。関連する特徴を知っておくことで、支援内容をより個別化することができます。そこであわせもちやすい特徴を図表 6-4 にまとめました。

ASD のあるカズくんは、手先を使う活動を嫌がる。実は、不器用さも合わせもっている。

プラスワン

知的障害
→ 2 コマ目を参照

言語症（言語障害）
→ 5 コマ目を参照

注意欠如・多動症
（ADHD）
→ 7 コマ目を参照

発達性協調運動症
（→ 7 コマ目ミニコラムを参照）

秩序破壊的／挑発的行動
情動や行動を自分でコントロールすることが難しい状態で、ほかの人を叩いたりもち物を壊したり、ルールや保育者の言っていることに反するような行動として現れる。

ASD のある人は、不器用さやほかの神経発達症群の症状をあわせもつことが少なくありません。「あれ？」と思ったら、別の苦手さをあわせもっているのではないかと考えることも大切です。

このように、ASD のある人が示す言動は、自閉症状の重症度、発達段階、年齢によって変化します。

2　ASD のある子どもの特徴

1　ASD のある子どもの特性

ASD のある子どもの特性について、図表 6-5 にまとめました。幼児期では特に言葉の発達が気になるところです。そこで言葉の特性について述べておきます。

まずその状態は、まったく会話ができないものから、語彙力や文法の力はあるのにもかかわらず、相互にやりとりをすることがうまくできないといったものまでさまざまです。単に言葉の量の問題ではなく、「あれ」「そ

6 コマ目　発達障害児の理解と支援①‥ASD

「相手の顔を見ずに相手の手を取る」というのは、たとえばペットボトルのフタを開けてほしいときに、保育者の手をとってフタの上にもってくるような動作です。「クレーン現象」ともいわれます。

オウム返しが出るときは、全部ではありませんが、「言っていることがわかりません」という意味であることが多いのです。したがって、オウム返しがみられたら言葉を簡単にしたり、写真やイラストを同時に使うといった工夫をするとよいですね。

図表6-5　乳幼児期にみられるASDの特性

①友だちと関わらない、気持ちや考えに共感を示さない
- ・ほかの子の行動のまねをしない
- ・自分の名前を呼ばれても反応しない
- ・相手の顔を見ずに相手の手を取る
- ・他児をもののように扱う（例：靴を履くときに無言で他児に寄りかかる）
- ・自分の話したいことを一方的に話す

②体や表情を使ったコミュニケーションが苦手
- ・視線が合わない
- ・指差しをしないか、誰もいないところで指差しをしてひとりごとを言っている
- ・相手の顔を見ても表情から感情が読み取れない
- ・何かを見せてくることがない
- ・共同注意の障害

③人との関係を維持し、深めていくことができない
- ・ごっこ遊びをしないか、してもパターンが同じで発展しない

④限られた行動や興味のあることを繰り返す
- ・自分のことを「あなた」と言う
- ・日常的にものを何時間も一列に並べている（例：ミニカーを並べている）
- ・また、並べているものを動かされることに強い苦痛を感じる
- ・言われた言葉をそのまま繰り返す（オウム返し）
- ・以前に聞いたことがある言葉を繰り返している（エコラリア）
- ・何か欲しいときに「はい、どうぞ」と言って手を出す
- ・日課が変更になることに強い苦痛を感じる
- ・文字やマークに強い興味を示す（例：3歳でアルファベットが読める）
- ・おもちゃをもち歩くがけっしてそれでは遊ばない
- ・楽器の演奏や歌を歌う場面で耳を塞ぐ。教室から出ていく
- ・頭を撫でられたり、触られるのを嫌がる
- ・暑さや寒さに極端に弱い

れ」といった指示語が何を指しているのかがわからない、「前」「後ろ」など自分のいる位置や立場によって、相対的に示すものが変わってしまう言葉は何を指しているのかがわからない、また「まっすぐ行きなさい」といった比喩的な表現がわからないといった特徴がみられることもあります。

　さらに、相手によって言葉を使い分けることができず、友だちに敬語を使う年長児や、大人でもわからないような言葉を使って話をする子どももいます。難しい言葉を使う子どもたちが、必ずしも言葉の本質的な意味を理解しているとは限りません。一般的には、言葉が出る前に、頭のなかで言葉の理解が進みます。まだ言葉を発しない0歳の子どもでも、言われたことを理解することができる場合があります。そのため、たくさん話をし

たり、難しい言葉を使ったりする子どもは、話している言葉と同じかそれ以上に言葉を理解していると思われがちです。しかし、ASD では、言葉の理解が言葉の表出よりも遅れている場合があるため、使っている言葉の意味をよく理解していないといったこともあります。

2　その後の経過

ASD の症状が、自然に悪くなっていくということはありません。むしろコミュニケーションのしかたを学んだり、自然に表情が読み取れなくてもほかのやり方で気持ちを推測したりと、代償的なやり方*を身につけていきます。多くの場合、幼児期から小学校低学年の時期に症状が最も顕著になります。また小学校高学年くらいからは友だちに興味・関心を抱くことが増えていきます。

3　ASD のある子どもの支援

1　保育のなかでの支援のあり方

ASD のある子どもも、障害のない子どもも、保育の方向性は変わりません。しかし、いくつか気に留め、工夫を加える点はあります。

① コミュニケーションのチャンネルを合わせた関係づくり

こうした工夫に至る前後には、通常の保育がそうであるように、その子との関係性がつくられていることが大切です。その際、ASD のある子どもには、それぞれにとりやすいコミュニケーションのやり方がみられますので、保育者がその子のもつコミュニケーションのチャンネルに合わせることが効果的です。

② 年齢に合わせた保育内容にはこだわらない

保育は暦年齢*における発達段階に合わせて内容がつくられます。たとえば、年長児同士でトラブルが起きたら保育者はすぐには介入せず、子どもたち自身で解決することを期待して見守ります。特に、対人関係や自分のコントロールといった点において、子どもの自主性を尊重します。

これに対して、ASD のある子どもは、その特性のために定型発達の子どもたちが自然に学習していることが学習されていない場合があります。たとえば、人への関心が低いために、友だちが遊んでいることに興味を示さ

子どものコミュニケーションのチャンネルに合わせて関係をつくる：眉毛の肌触りが好きなまきちゃんは、登園するとゆう先生の眉毛を触って安心する。朝の「おはよう」のあいさつを意味している。

📝 **語句説明**

代償的なやり方

→同じような結果をもたらす別のやり方に変えること。

📝 **語句説明**

暦年齢

→生まれてからの年数のこと。いわゆる年齢。

6 コマ目

発達障害児の理解と支援①：ASD

図表6-6　保育に「+α」の工夫

その子がわかるように伝える工夫	伝えたいことは、1つずつ具体的な言葉で肯定的な言い方で短く、単純に	言葉の発達に遅れがなくても、特性のために複数のものごとを同時に進行することが苦手なことが多いため、指示は1つずつ出す。また、「きれいにしましょう」といった抽象的であいまいな表現はなかなか理解できないため、「机の上ののりとハサミをしまいましょう」のように具体的に伝える。「〜してはいけません」という指示では、何をしてよいのかがわからないので、「手をおひざにおいて待ちましょう」のように肯定的な言い方で伝える。
	目で見てわかる情報を加える	多くの場合、目で見た情報のほうが伝わりやすい。たとえば、園庭に出るときに、帽子の写真やイラストを示しながら「帽子をかぶりましょう」と伝える。
わかりやすい環境構成	1日の流れを伝える	1日の流れ、1つの課題のなかの流れを伝えることで「見通し」をもてるように支援する。このときに絵カードや写真を貼っておくと、予定が変更した際にも伝えやすくなる。
	やることがわかる手がかりをつくる（場所・目印）	給食のときにテーブルクロスを敷くと、場面が切り替わる。ハサミを使う場所を決めておくと、その場所へ行ったらハサミを使った製作をするのだとわかる。
	目で見てわかる構造をつくる	「お片づけをしてください」という指示だけではなかなか動くことができないが、種類ごとにケースを分け、写真を貼っておくことで、どこに何をしまうのか目で見てわかる。特性に合わせて自然とその行動ができるようにすると、心地よく生活できる。
感覚過敏への配慮	耳栓やイヤーマフを使う	音に対する過敏さは、光やにおいと比べて慣れにくい。そのため、耳栓やイヤーマフといった音を遮断するアイテムを用いることも有効。
	服の生地を合わせる	触覚過敏のために特定の生地を好んで着る、服のタグを嫌がるといったことがある。その子の感覚に合わせて服を選ぶとよい。
	落ち着ける場所をつくる	感覚過敏の子どもたちにとって、クラスのざわめきも大きなストレスになることがある。小さな箱やテントなど、その子が安心していられる場所をつくることが有効なこともある。

ないし、仲間に入ろうとしません。そのため、3歳児でもわかるような、ものの貸し借りのための言葉やルールが年長児でもわからない場合があります。

③ その子の凸凹に合わせて目標を設定する

　ASDのある子どもは、できることとできないことが凸凹になっていることが多くみられます。たとえば、記憶することはとても得意で、虫の名前や電車の名前など興味をもっていることは大人顔負けに知っていたりします。一方で、目の前にないことを想像するのが苦手であるため、たとえば「お母さんはおうちで何をしているのかな？」といった質問に答えられなかったりします。目標を設定するうえでは内容ごとに分け、それぞれの到達段階を確認しておくことが大切です。

④ 認知的特徴と感覚異常に配慮したわかりやすい保育を心がける

　ASDのある子どもには独特の認知的特徴と感覚異常がみられることがあり、それらに焦点を当て、「その子がわかるように伝える工夫」をするこ

📝プラスワン

到達段階
保育において目標を設定し到達段階を確認する作業はあまりなじまないかもしれない。しかし、こうした成長の記録と支援の記録を「児童記録」として小学校へ引き継ぐことで、学校での支援のヒントにもなる。

とや「わかりやすい環境構成」をすること、そして「感覚過敏への配慮」
をした関わりや保育内容の工夫が大切です（図表 6-6）。

⑤ 将来を見据え、助けを求めるスキルを身につける

　最後は、工夫というよりも意識して実施することになりますが、人に助
けを求めるスキルを身につけることです。人に対する関心が低い ASD の
ある子どもは、人に助けを求められないことがあります。人に助けを求め
られない理由は 2 つです。一つは助けを求めたくてもその方法がわからな
いこと、もう一つは、本当は助けを必要としている状態でも助けが必要だ
と気づいていないことです。どちらにしても「人に助けを求め、助けられ
た」という経験を積むことが必要です。

2　周囲の子どもたち

　まわりの子どもたちには、ASD のある子どもの特性をどのように伝え
たらよいでしょうか。

　まずは、保育者自身が ASD のある子どもとの関係をつくることを優先
します。これはつまり、その子との関わり方を理解するということです。
その子のコミュニケーションのチャンネルが理解できたら、まわりの子ど
もたちとの関わり方を観察しつつ、子どもたちが気づいていない具体的な
関わり方を伝えます。たとえば、名前を呼んでも振り向かないときは前
から近づき、肩をトントンと軽く叩いて名前を呼ぶといったことです。ま
た、ASD のある子どもが考えていることや言いたいけれど言えないこと
を、まわりの子どもたちが受け止めやすいような言い回しで橋渡しするこ
とも大切です。気をつけることは、クラスのなかには世話をすることが好
きな子どもがいる場合があります。そうした子が、ASD のある子どもに対
し本当は自分でもできることを先回りしてやってしまい過ぎることがあり
ます。そのような場合には、ASD のある子どもがどういったことができる
のかを、世話好きな子に伝えていくことも必要です。

　何よりも大切なのは、ASD のある子どもへの保育者自身の言葉かけや
行動が、まわりの子どもたちのモデルとなり、大きな影響を与えることへ
の意識です。発する言葉だけではなく、声の抑揚や表情といった言葉以外
の情報をまわりの子どもたちは敏感に察知します。子どもたちが安心して
いられるクラスは、ASD のある子どもにとっても、居心地のよい空間にな
ります。

3　保育者のメンタルヘルス

　保育は、1 日という長い時間、子どもたちの安全を守りながら発達保障
にまで心を砕いていく精神的にも負担の大きい仕事です。そのうえで ASD
のある子どもたちの特性に合わせ、まわりの子どもたちへの意識をもち
ながら保育を行わなければなりません。うまくいっているときはそれほど
負担を感じませんが、問題が生じると大きなストレスになるものです。そ
のため、保育者自身が、積極的に心の健康を保つようにすることが大切で
す。同僚や先輩といった他者とつながる、ときに外部の専門家の力も借り

> 「コミュニケーションの
> チャンネルに合わせ
> る」というのは、その
> 子が興味のある内容
> に話題を合わせたり、
> 言葉よりも絵や写真
> の方がわかりやすい
> のならば、そちらを使っ
> たりするということで
> す。

る、温泉やカフェでの休息といったリラックスした時間を設けるのもいい
でしょう。やり方は人それぞれかと思います。自分なりの方法を見つけて
ください。

おさらいテスト //

❶ ASDは [　　　　　] の苦手さと [　　　　　] をもっている。

❷ ASDの行動特性は [　　　　　]、重症度や [　　　　　] によって大きく
　 変化する。

❸ ASDの支援は [　　　　　] をカバーした [　　　　　] である。

//

事例について考えよう①

- -

　次の事例を読み、まずはそれぞれの課題に回答してみましょう。その後グループでお互いの意見を共有しながら話し合ってみましょう。

事例　**マサシくんのひとりごと**

　午前中は、園庭で自由遊びの時間です。女の子たちはおままごとを、男の子たちは鬼ごっこをしていました。まさみ先生は、マサシくんが鬼ごっこには混ざろうとせず、フェンスの前に一人で立っているのをふと見つけました。鬼ごっこをしている子どもの一人がマサシくんに近づき、手を取りながら「マサシくん」と声をかけますが、振り向くこともなくひとりごとを言っていました。「一緒に鬼ごっこやろうよ」とその子がマサシくんの手を取ると、マサシくんは振り向き「それはやりません」とひとりごとのように言うと男の子の手を振りほどき、少し宙を見上げるような視線で「次は駒込〜。山手線…は乗り換えです」と構内アナウンスをつぶやきながらその場を離れていきました。

---

①マサシくんの気になった言動を抜き出してみましょう。

$$\Big[\qquad\qquad\qquad\qquad\qquad\qquad \Big]$$

②①で抜き出した言動をASDの特性で説明してみましょう。

$$\Big[\qquad\qquad\qquad\qquad\qquad\qquad \Big]$$

③周囲の子どもたちに対する保育の方法を考えてみましょう。

$$\Big[\qquad\qquad\qquad\qquad\qquad\qquad \Big]$$

事例について考えよう②

次の事例を読み、まずはそれぞれの課題に回答してみましょう。その後グループでお互いの意見を共有しながら話し合ってみましょう。

事例	ユウイチくんの偏食

　ひかり保育園では、週に3回の給食があります。4歳児クラスでは、すべてのおかずを半分は食べることになっています。ユウイチくんは偏食が強く、おかずによっては手をつけずにいます。今日はハンバーグでしたが、ユウイチくんはハンバーグだけ残して、じっとしていました。それを見ていたカズカちゃんが、「先生、ユウイチくんがまた残してるよ」と言いました。それを聞いた子どもたちがユウイチくんのほうを見ます。たかこ先生は「ユウイチくん、半分は食べようね」と言いながらも、「きっと食べられないな、どうしようかな」と考えていました。ユウイチくんは、こだわりが強く、ASDの診断が出ています。

①ユウイチくんがハンバーグを食べない理由として、ASDの状態が関わっているとすると、どのような状態が考えられるでしょうか。

②①であげた状態を考慮したとき、どのような対応をするのがよいと考えられますか。

③①にあげたように、ASDの状態からハンバーグが食べられないと考えられるとして、まわりの子どもたちに対してはどのように話したらよいでしょうか。考えてみましょう。

映画にみる ASD：その幅の広い状態をみてみよう

　次の 2 つの映画を見比べ、作中に出てくる ASD の様子から共通点を整理し、考えてみましょう。

① 「レインマン」（Rain Man）
　　監督：バリー・レヴィンソン
　　配給：ユナイテッド・アーチスト
　　1988 年製作／アメリカ

② 「シンプル・シモン」（I rymden finns inga känslor）
　　監督：アンドレアス・エーマン
　　配給：フリッカポイカ
　　2010 年製作／スウェーデン

発達障害児の理解と支援②：ADHD・SLD

今日のポイント

1. ADHDの２つの特徴は「不注意」と「多動性・衝動性」である。
2. ADHDの症状は環境によって減少することがあるが、それは相当な負荷のもとで成立しているという理解が大切である。
3. SLDが就学前に診断されることはないが、徴候がみられることはある。

1 ADHDのある子どもの理解と支援

1 ADHDとは

　注意欠如・多動症（以下、ADHD*）は、ASDと同じ神経発達症群の一つです。福祉・教育分野では発達障害の一つであると説明されます。幼児期には明らかにならないことも多いのですが、ものすごい勢いでしゃべり続ける、目を離すと（離さなくても）高いところに登っていたり、教室から出て外で遊んでいたり、散歩中にトンボを追いかけて突然走り出すといった行動がみられます。保育者がやってはいけないと言うと、反省することはできますが、すぐに同じことをしてしまいます。つまり、それはADHDの子どもがわざとやってしまったというよりも、症状として起きていると考えられます。

　ADHDの症状は「不注意」と「多動・衝動性」の２つに分けられます。２つの症状の両方またはどちらか一方があることで特徴づけられます（図表7-1）。まず、この２つの特徴について理解していきましょう。

図表7-1　ADHDの２つの症状と特徴

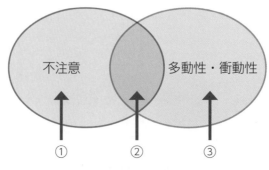

①不注意が優勢に存在するタイプ
②不注意と多動性・衝動性が混在しているタイプ
③多動性・衝動性が優勢に存在するタイプ

語句説明

ADHD

→Attention-Deficit/Hyperactivity Disorder の略。

皆さんも忘れ物をすることがありますよね。でもそれだけでADHDということはありません。ADHDの行動自体は、一般的にみられる行動と変わりはありません。ただ、その頻度と強度があまりに高いという点に特徴があります。したがって、1回忘れ物をしたくらいでは不注意症状とはいわないわけです。

2　ADHDの特徴

① 不注意

　皆さんは大事な約束を忘れたことがあるでしょうか。想像してみてください。もし、どれだけ気をつけていても、大事な約束があることを忘れてしまったら、とてもショックではないでしょうか。しかもそのようなことが週に何度か起きてしまったら、自己嫌悪に陥るのではないでしょうか。そして、「次はけっして忘れないようにしよう」と努力すると思います。学校が終わって自宅でゆっくりとテレビを見るときも、勉強に取り組もうとするときも考えてしまうかもしれません。何度もスケジュール帳を確認するかもしれません。そのような状態では、約束を守るために精神力を奪われて疲れてしまいます。それが毎日だとしたらどうでしょうか。

　つい忘れてしまうということは、誰でもたまにあります。しかし、年齢を考慮してもその頻度が高く、社会生活や学業、仕事にまで影響を及ぼすようであれば、これは大変に困った状態であり、「不注意」に基づく症状であると理解されます。

　DSM-5では「不注意」に基づく症状は図表7-2のようなものが示されています。一般に不注意というと、集中できないことや注意を払えないことを指しますが、ADHDの症状としての「不注意」は、注意をコントロールすることの困難さととらえるとわかりやすいと思います。

図表7-2　「不注意」に基づく症状

- 学業や仕事、ほかの活動中に、まんべんなく細部まで注意することができない
- 課題または遊びの活動中に注意することができない、または不注意な間違いをする
- 直接話しかけられたときに、聞いていないように見える
- 指示に従わず、学業、用事、職場での義務をやり遂げることができない(注)
- 課題や活動を順序立てることが困難である
- 精神的努力の持続を要する課題に取り組むことを避ける、嫌う、またはいやいや行う
- 課題や活動に必要なものをなくしてしまう
- 外的な刺激によってすぐに気が散ってしまう
- 日々の活動で忘れっぽい

注：この症状に限らないが、意図的に、反抗的に指示に従わないわけではない。課題を始めても集中が続かなかったり、簡単に気持ちがそれてしまったりする状態を示している。

「忘れ物」は一般にあることだが、それが何度も繰り返されているのであれば、何かあるのではないか？　と考える。その何かが「不注意」かもしれない。

「精神的努力の持続」というのは、やりたくないことを我慢して続けるということです。しかし、やりたくないことを避けるのは誰にでもありますよね。では、なまけることとの違いは何でしょうか。頭のなかにコップをイメージしてみてください。それがあなたの我慢の許容量です。そこに水を注いでいったらそのコップからもいつかは水があふれてしまいます。ADHDの人のコップは、水を注ぐ時点で、すでに7分目くらい水が入っているような状態なのです。だからすぐあふれてしまうのです。

📝 プラスワン

ADHDの症状

ADHDの症状は、大人になってもなくなることはない。ただし、その状態が変わる。特に多動性は、おおむね9歳以降に小さくなっていき、その代わりに気持ちがなんとなくソワソワするといった感覚が残っていく。

② 多動・衝動性

「多動性」の症状というのは、何かに突き動かされているように身体が動いてしまうような状態で、その場面においては不適切であるとされるものを指します。「衝動性」の症状というのは、何かをしようと思うか思わないうちに身体が動いてしまうような状態で、自分に害となる可能性の高い行動を指します。DSM-5では「多動・衝動性」に基づく症状は図表7-3のように示されています。

図表7-3 「多動・衝動性」に基づく症状

・手足をそわそわ動かしたりトントン叩いたりする、またはいすの上でもじもじする
・席についていることが求められる場面で席を離れる
・不適切な状況で走り回ったり高い所へのぼったりする
・静かに遊んだり、余暇活動につくことができない
・しゃべりすぎる
・質問が終わる前に出し抜いて答え始めてしまう
・自分の順番を待つことが困難である
・他人を妨害し、邪魔する[注]

注：意地悪をするという意味ではなく、たとえばおままごとで遊んでいるときに、ほかの子が使っているフライパンを使いたくなり、何も言わずにパッと取り上げて使ってしまうような行動を指している。

絵本の読み聞かせ場面。タカシくんが興味のある絵を見つけ、座っているみんなの前に飛び出てきた。ルールがわかっていないのではなく、出てきてしまう自分をうまく止められないのである。

③ 留意点

ADHDの症状は家でも保育所でもみられます。しかし、子どもの行動を上手に褒めてくれるような環境や、逆にやってはいけないことに対して非常に厳しく管理されている環境、また非常に興味のあることを行っているときといった場合には、ADHDの症状が小さくなったり、みられなくなることがあります。しかし、それは自然にできているのではなく、子どもたちの相当な努力のもとで成立しているという理解が大切です。

ところで、知的障害のある子が、その場で何をしてよいかわからないために課題に取り組めない、いすから立ち上がってしまう、といったことがあります。一見すると「不注意」や「多動・衝動性」の症状のようにみえますが、これは言葉の意味や状況が理解できないために起きている行動です。こうした場合の行動に対しては、ADHDの症状を想定した対応ではなく、知的障害の状態に応じた対応を考えます。

プラスワン

行動背景としての障害種別

背景の類別はその子を理解するうえで有効だが、実際には障害の重複が多くみられるため、明確に分けるのは難しいことがある。そうした場合でも、背景を一つずつ理解して対応を考えたうえで、その子への保育の課題が達成できるような方法を考えていくことが大切である。

3 　有病率

　多くの国で、ADHDの有病率はすべての子どものおよそ5%だといわれています。また、男性は女性の2倍です。女性は、男性よりも不注意の特徴を示す傾向があります。また、ADHDの遺伝率はかなり高いことがわかっています。

4 　経過

　幼児期には、よく動き回る様子が家庭でもみられます。しかし、同年齢の子どもと比べたときに、個人差であるのか症状であるのかの区別をつけることは困難です。そのため、多くは小学校に上がってから診断されます。「不注意」の症状は、小学校に入ってから、より明らかになります。

5 　保育のなかでの支援のあり方

① 支援の方向性

　ADHDのある子どもに対しても保育の方向性は変わりません。しかし、配慮しておかなくてはいけない点があります（図表7-4）。

　ADHDの症状があることで、学校における友だち関係がうまくいかなくなることがあります。たとえば、友だちとの約束を忘れてしまったり、順番を抜かして横入りをすること、周囲を気にせずに自分のやりたいことを衝動的にやってしまうといった行動から、友だちに無視をされてしまったり、いじめを受けることがあるなどです。保育所等でも、周囲の子どもたちが避けることがあります。そのため、幼児期においては、まわりの子どもとの間に良好な関係ができるよう、保育者が配慮することが大切です。

　ADHDのある子どもは、幼児期から注意や叱責を受ける経験が多くなりがちです。たとえば、道路に飛び出る、棚にのぼる、スーパーで走り回るといった行動は、保護者の側からしても注意せざるを得ないものです。しかし、たとえちょっとした注意や叱責であったとしても、積み重なることによってかんしゃくを起こすようになったり、周囲に対して反抗的・挑発的になったり、不安や無力感を抱いたりするようになることがあります。そのため、保育者や保護者は、ADHDのある子どもへの否定的な関わりは減らし、肯定的な関わり（「ほめる」ことなど）を増やすよう意識することが大切です。

図表7-4　ADHDのある子どもへの保育の配慮点

・まわりの子どもとの関係を良好にする
・否定的な関わりを減らし、肯定的な関わりを増やす

② 実際の工夫

　図表7-5に工夫の視点をまとめます。

プラスワン

ADHDの有病率

通常、病気の発症率は1%程度である。ADHDの有病率が5%というのは、かなり高い数値である。

プラスワン

ADHDの薬物療法

6歳以上のADHDの症状に対しては、保育や教育といった関わりとともに、薬を使っていくと効果がある。薬は、およそ7割の人に効果が表れる。主なADHDの薬としては、コンサータ®、ストラテラ®、インチュニブ®、ビバンセ®がある。

プラスワン

「ほめる」基準

「ほめる」というと、「一般的にみて上手にできたら」という条件をつけてしまいがちになる。そうすると、なかなかほめることができない。そこで、上手にできたという基準をその子に合わせてみるとよい。その子が朝の会で座っていられたら、それはほかの子どもにとって当たり前のことでも、その子にとっては「上手にできたこと」なのである。

7コマ目　発達障害児の理解と支援②……ADHD・SLD

図表 7-5　保育＋「α」の工夫

> ・得意とする点、よいところを伸ばす
> ・社会的スキルが身につくよう援助する
> ・望ましくない行動を適切な行動へと変えていく
> ・子どものまわりの環境（人・もの）を整える

では、一つずつみていきましょう。

1）得意とする点、よいところを伸ばす

よいところというのは、一般的に人よりすぐれていることである必要はありません。その子が自信をもって行っているところ、最後まで行うことのできたところに着目します。たとえば、朝の会の集まりの間は座っていることができたといったことです。また、失敗してしまうことがあっても、部分的にでもその子ができた機会をとらえて肯定的な言葉をかけます。うまくいかなかったときは注意はしませんが、やり方がわからない様子ならば適切なやり方を伝えます。適切なやり方を教えたら上手にできた場合、肯定的な言葉をかけます。そうすることで、もう一度その行動にチャレンジする可能性が高まります。

2）社会的スキルが身につくよう援助する

社会的スキルというのは、人と関係を結ぶ、人との関係を維持する、人とやりとりをするといった、人と関わるときに必要な技術です。たとえば、友だちが使っているブロックを貸してほしいと思ったときに、「貸して」と伝え、相手が「いいよ」と応じてくれたら、ブロックを取るもしくは受け取る、そして「ありがとう」と言うといった一連の行為です。

教え方としては、その場で見本をみせる、言葉を繰り返してもらうといった方法があります。ポイントは、完全にうまくできなくても、一連の行為が一歩でも進んだらすぐに褒めることです。うまくできなかったときは、注意せずにそのまま見すごすか、うまくいくやり方を伝えます。一方、クラスの子どもたちが大勢いるなかでこうしたタイミングをつかむことが難しい場合や、その子の行動が素早く対応が難しいこともあります。そうしたときには個別に練習をしてみる、絵本などを使って学習することもできます。

3）望ましくない行動を適切な行動へと変えていく

保育のなかで、子どもが望ましくない行動をしていれば、その行動をしてはいけないと伝えます。そうすることで子どもはその行動をやめ、別の行動を起こします。この手順で望ましくない行動が適切な行動に変わっていくのであれば問題はありません。しかし、こうしたアプローチが有効であるためには前提条件があります。

それは、①子どもがその行動をしてはいけないことだと概ねわかっている、②子どもはその行動に代わる適切な行動を知っている、③子どもは適切な行動を行うだけの自己コントロール力がある、ということです。この手続きではなかなか行動が変わらない場合には、この3つのうちのどれかでつまずいていると考えられます。

プラスワン

「取る」と「受け取る」の違い

やり取りを指導する文脈では、自分から手を伸ばして「取り」にいくことと、相手から差し出されたものを「受け取る」というのは、大きく異なる。

4）子どものまわりの環境（人・もの）を整える

まわりの子どもが、その子に対してマイナスの気持ちをもたないようにしていくことが大切です。たとえば、横入りをしたときに、ほかの子どもに「たかしくんは、今横入りしないように練習してるんだよ。ときどき失敗しちゃうこともあるけど、応援してね」と伝え、並べた場面をとらえて、「たかしくん、横入りせずに並べたね、すごいね」とちゃんと声をかけるといったやり方が考えられます。

同時に、保育者自身がADHDのある子どもの行動に対して否定的な言い方をしていると、周囲の子どもたちはその否定的な言い方を学習してしまいます。注意や叱責が多くならないように留意し、肯定的な働きかけをするように、より意識してください。

順番に並ぶことは、ADHDのある子どもにとって苦手なことが多い。だからこそ、うまくできたときには見落とさずにほめることが大切である。

> いつも並べないことはありません。うまくいったときには、忘れずにほめることが大切です。

前述したように、ADHDのある子どもは、その特性のために注意を受ける機会が多くなりがちです。年齢が上がるとともに、「自分はどうしてできないんだろう」「どうして僕ばかり叱られるんだろう」という気持ちを抱き、悩みます。こうした注意や叱責を受ける体験の積み重ねは、自己否定の気持ちにつながってしまいます。そのため、幼児期に関わりをもつ保育者として、ほかの子どもと同じくらい肯定的な言葉をかけ、注意や叱責を意識して減らして心を育んであげたいものです。

2 SLDのある子どもの理解と支援

1 SLDとは

皆さんは、自分が何歳のときに歩き、何歳のときに話し始めたのか知っているでしょうか。歩くことや話すことは教えられなくても自然にできるようになっていき、たとえば始歩は1歳くらいでみられるというように、その発現時期もおおむねわかっています。一方、学業をするために必要な文字を読むことや書くこと、算数の計算をすることといった学業的技能（図表7-6）と呼ばれる力は、教えてもらわなければできるようになっていきません。

限局性学習症（以下、SLD*）は、こうした学業的技能を学習することが

語句説明

SLD
→Specific Learning Disorderの略。

図表7-6　学業的技能

読字	読字の正確さ 読字の速度または流暢性 読解力
書字表出	綴字の正確さ 文法と句読点の正確さ 書字表出の明確さまたは構成力
算数	数の感覚 数学的事実の記憶 計算の正確さまたは流暢性 数学的推理の正確さ

持続的に困難であり、かつ、その到達度が同年齢の人と比べて明らかに低い状態のことを指します。十分に教えられていない場合には、学業的技能が低いとは判断しません。そのため、学業的技能が未学習である幼児期には、SLDの診断はなされません。SLDは、ADHDと同じ神経発達症群の一つです。福祉・教育分野では発達障害の一つであると説明されます。幼児期には明らかになりませんが、有病率は学齢期の子どもにおいて5～15％で、男女比はおよそ2：1～3：1といわれています。

2　就学前のSLDの特徴

　SLDが就学前に診断されることはありませんが、徴候がみられることがあります。幼児期にみられる徴候をそれぞれの学業的技能に関連の強いものでまとめました（図表7-7）。必ずしもその学業的技能のみに関連しているとは限りません。

図表7-7　就学前にみられるSLDの徴候

読字	言語の遅れ 幼児音、誤った発音の語を多用する 文字、曜日の名称を覚えるのに苦労する 童謡を覚えるのに苦労する 言葉遊びに興味を示さない 自分の名前の文字を認識できない 文字を認識することができない
書字表出	書字に必要な微細運動の困難 自分の名前を書くことができないか、創作した綴りを使う場合がある 文字を書くことができない
算数	数えることが困難 数字の名称を覚えるのに苦労する 数を数えることを学ぶのに苦労する
その他	注意の発達の遅れ

プラスワン

SLDの教育領域における定義

SLDは医学における呼称である。教育領域では、「学習障害」（LD）として、文部省（現文部科学省）の調査研究協力者会議が取りまとめた『学習障害児に対する指導について』のなかで次のように定義されている。「学習障害とは、基本的には全般的な知的発達に遅れはないが、聞く、話す、読む、書く、計算する又は推論する能力のうち特定のものの習得と使用に著しい困難を示す様々な状態を指すものである」。

3　保育のなかでSLDを疑う子どもへの支援

特に年長になり、文字の習得が入ってきたり自分や友だちの名前を読むようになってきた際に、苦手意識をもたせず、自信をもって取り組んでいけるように配慮が必要です。基本は、その子の見え方、聞こえ方に応じた指導方法をとること、ステップを小さくしてその子が到達したことや取り組んだことをほめていくようにすること、得意な側面を見つけてほめて大いに自信をもたせるように関わっていくことです。

保育所によっては、年長クラスのロッカーを名前で示すこともありますが、読字に苦手さのある子どもがいる場合は、クラス全体でそれぞれの子どもに対応したシールを併用するといった配慮もあるとよいでしょう。

たとえば、童謡が覚えにくいといった点に対しては、イラストをつけるといった工夫も理解を助けます。保育室に貼るような歌詞カードすべてにイラストを載せることが大変であれば、個別に歌詞カードを作成し、簡単なイラストを添えるといった工夫も考えられます。

7コマ目　発達障害児の理解と支援②：ADHD・SLD

ミニコラム

発達性協調運動症

発達性協調運動症という言葉を聞いたことがあるでしょうか。少し離れたところから投げられたテニスボールをキャッチしようとする自分をイメージしてください。向かってくるボールの動きを目で追い、足を踏み出したり引いたりしてキャッチする位置を調整し、腰をかがめて高さを調整し、適切な距離に手を伸ばし、ボールが触れるタイミングで広げた手で包み込みます。ボールをキャッチするという動作には、複数の身体部位の動きを調整することが必要だと気づいたでしょうか。このように、1つの行為をするために身体の各部位の動きが調整されることを協調運動といいます。

発達性協調運動症とは、この協調運動の技能が暦年齢や学習および使用機会に応じて期待されるものよりも明らかに劣っており、そのことで日常生活が困難になっていることを指します。具体的には、着替えや食事のときの器の使用、ハサミの使用、体を使った遊びへの参加が難しいといったことがあげられます。もっているものを落としやすい、ものにぶつかりやすいという特徴もあります。乳幼児期の運動技能の獲得にはかなりの個人差があるため、多くは5歳より前には診断はされません。気づかれず支援を受けられないことで、運動に対する不快感情を抱く、拒否をするといったことがみられます。

おさらいテスト

❶ ADHDの2つの特徴は「[　　　　　]」と「[　　　　　]」である。

❷ ADHDの症状は[　　　　　]によって減少することがあるが、それは相当な負荷のもとで成立しているという理解が大切である。

❸ SLDが[　　　　　]に診断されることはないが、徴候がみられることはある。

子どもの事例について考えよう

次の事例を読んで、子どもの特徴、保育者の配慮について考え、グループで話し合ってください。

| 事例 | 虫にひかれるユウタくん |

　年中クラスでの出来事です。子どもたちは昼食前に園庭で遊んでいました。ユウタくんは、虫が好きで、ずっと花壇で虫を探していました。そろそろ昼食の時間と考え、保育者は子どもたちに声をかけました。すぐに片づけをはじめる子、まわりの子や保育者に促されてしぶしぶ片づける子などいろいろですが、子どもたちは教室に戻っていきました。そんななか、ユウタくんだけはまだ花壇で虫を見ていました。保育者は、ユウタくんの手をとって、「ユウタくん教室に戻ろう」と声をかけました。ユウタくんは途中まで手を引かれて戻っていたのですが、先に戻った子どもから「先生！　お茶こぼれちゃった！」と呼ばれ保育者の手がゆるんだすきに、パッと手を振り払って花壇に戻ってしまいました。

①ユウタくんの気になった言動を抜き出してみましょう。

[

]

②①で抜き出した言動をADHDの特性で説明してみましょう。

[

]

③ユウタくんへの保育の課題とその実践方法を考えてみましょう。その際、課題も3ステップ程度に分け、実践方法もステップに合わせて考えてみましょう。

[

]

④事例のような言動がユウタくんには頻繁にみられています。保護者にどのように伝えるとよいか考えてみましょう。

[

]

「してはダメ」を「しましょう」に

次の文章を読んで、子どもの特徴、保育者の配慮について考え、グループで話し合ってみましょう。

> ADHDのある子どもは、注意や叱責を受けることが多くなりがちです。否定的な言葉を何度も言われると、大人でも気持ちが滅入ります。また、「してはダメ」と言われても、では何をしていいのかがわかりません。そのため、やってはいけないことをしているときには、「してはダメ」ではなく「しましょう」という肯定的な表現で伝えるとよいでしょう。
>
> しかし、とっさに肯定的な表現は出てきづらいものです。そこで、肯定的な表現に言い換える練習をしてみましょう。

①例を参考に、否定的な表現を肯定的な表現に書き換えてみましょう。

行動	否定的な表現	肯定的な表現
廊下を走っている。	廊下を走らない。	(例)廊下は歩きましょう。
給食中に席を立って歩いている。	ご飯の途中で歩いてはいけません。	
保育者が紙芝居を読んでいると、前に出てきて紙芝居を叩く。	紙芝居を叩いてはダメよ。	
絵本を取るために並んでいる子どもたちの列に割り込んだ。	横から入ってはダメでしょ。	

②ペアを組み、一人が「行動」と「否定的な表現」をつくり、もう一人が「肯定的な表現」を考えてみましょう。

行動	否定的な表現	肯定的な表現

生活課題を抱える家庭の子どもの理解と援助

今日のポイント

1. 生活課題として子ども虐待、異文化との共生、貧困を理解する。
2. 保育における生活課題への対応は、子どもの生活・発達保障を中心に。
3. 保護者は責任を追及する対象ではなく、支える対象としてとらえる。

1 子ども虐待

1 子ども虐待という言葉

「子ども虐待」という言葉は、扱う分野によって言い方が異なります。2000年に施行された「児童虐待の防止等に関する法律」(以下、「児童虐待防止法」)では、「児童虐待」という用語が用いられています。そのため、法律や行政の言葉では「児童虐待」が広く用いられます。医学分野では「小児虐待」という言葉が用いられることがあります。また、子ども虐待に関する専門家の学際的な集まりである日本子ども虐待防止学会では、「子ども虐待」という言葉を用いています。この章では、特定の分野の話でなければ、学際的に広く用いられている「子ども虐待」を用います。

2 子ども虐待の定義

子ども虐待の本質的な意味は、「児童虐待防止法」の目的を示した第1条の条文内にみることができます。条文には「児童虐待が児童の人権を著しく侵害し、その心身の成長及び人格の形成に重大な影響を与えるとともに、我が国における将来の世代の育成にも懸念を及ぼす」とあります。つまり、子ども虐待とは、子どもの人権を侵害し、心身の成長を阻害し、人格形成に影響を与えるような保護者の行為だと理解されます(図表8-1)。

保護者による具体的な加害行為の種類は、「児童虐待防止法」第2条に記されている以下の4つです(図表8-2)。同条第1号には、叩いたりけったりすることで身体に傷を負わせる、もしくは負わせる恐れがある行為などについて書かれており、これは「身体的虐待」といわれます。同条2号には、子どもの体のプライベートな部位にふれる、ポルノグラフィーの被写体にするといった行為について書かれており、「性的虐待」といわれるものです。同条第3号には、食事を与えない、子どもが性的虐待を受ける

図表 8-1　子ども虐待の本質的な定義

保護者による
・子どもの人権を侵害する行為
・心身の成長に重大な影響を及ぼす行為
・人格形成に重大な影響を及ぼす行為

図表 8-2　児童虐待の定義（加害行為の種類）

　　この法律において、「児童虐待」とは、保護者（親権を行う者、未成年後見人その他の者で、児童を現に監護するものをいう。以下同じ。）がその監護する児童（18歳に満たない者をいう。以下同じ。）について行う次に掲げる行為をいう。
1　児童の身体に外傷が生じ、又は生じるおそれのある暴行を加えること。
2　児童にわいせつな行為をすること又は児童をしてわいせつな行為をさせること。
3　児童の心身の正常な発達を妨げるような著しい減食又は長時間の放置、保護者以外の同居人による前 2 号又は次号に掲げる行為と同様の行為の放置その他の保護者としての監護を著しく怠ること。
4　児童に対する著しい暴言又は著しく拒絶的な対応、児童が同居する家庭における配偶者に対する暴力（配偶者（婚姻の届出をしていないが、事実上婚姻関係と同様の事情にある者を含む。）の身体に対する不法な攻撃であって生命又は身体に危害を及ぼすもの及びこれに準ずる心身に有害な影響を及ぼす言動をいう。中略）その他の児童に著しい心理的外傷を与える言動を行うこと。

出典：「児童虐待の防止等に関する法律」第 2 条

虐待のより具体的な行為については、厚生労働省が出している「子ども虐待対応の手引き（平成25年8月改正版）」を参考にしましょう。

きょうだいへの暴力の目撃や、きょうだいとの著しい差別的扱いも心理的虐待に含まれます。

8 コマ目　生活課題を抱える家庭の子どもの理解と援助

ことから守らないといった行為について書かれています。これは養育の顕著な不足といえるもので、「ネグレクト」と呼ばれます。同条第 4 号には、「死ね」「お前なんて産まれてこなければよかった」などの言葉による暴力や、両親間の暴力（以下、DV）の様子を見聞きさせるといった行為が書かれており、これは「心理的虐待」といわれています。

3　子ども虐待への相談対応の現状

① 新規受付による相談対応件数と発生数の動向

　では、子ども虐待はどのくらい起きているのでしょうか。子ども虐待の発生率を正確に知ることはできませんが、いくつかの参考になる数値があります。一つは、「全国児童相談所における児童虐待に関する相談対応件数」です。虐待を受けている子どもを発見した、もしくは子どもが虐待を受けている疑いがある場合に、都道府県や政令指定都市、中核市に設置されている児童相談所（以下、児相）に知らせます。これを通告といい、市民、学校、保育所、病院、警察、家族や本人等といった経路で連絡が入ります。通告を受けた児相は、虐待相談ケースとして対応を開始します。この虐待相談ケースとして対応を行った新規件数が、厚生労働省により毎年

📝 **プラスワン**

通告
児童虐待防止法第 6 条には、「児童虐待を受けたと思われる児童を発見した者は、速やかに、これを市町村、都道府県の設置する福祉事務所若しくは児童相談所又は児童委員を介して市町村、都道府県の設置する福祉事務所若しくは児童相談所に通告しなければならない」とあり、通告の義務について規定している。

集計されています。集計が始まったのが1995（平成7）年度で、そのときには1,101件でした。最新の数値は2018（平成30）年度のもので、15万9,838件（厚生労働省「平成30年度福祉行政報告例の概況」）となっており、1995年度との差は実に145倍です。

　それでは、子ども虐待の実質的な発生数は増加しているのでしょうか。2000年に「児童虐待防止法」が成立し、さまざまな報道によって、子ども虐待という存在が社会に広く知らされました。それまで多くの人々は、子ども虐待の存在そのものを知らなかったのです。つまり、本当は起きていたけれども、人々の目には見えていなかったために社会的にその存在がなかったものにされていたと考えられます。

　また、2004年に「児童虐待防止法」の改正があり、子どもの前で配偶者や家族に暴力を振るうこと（以下、面前DV*）が子ども虐待の一つに加えられました。そして「配偶者からの暴力の防止及び被害者の保護等に関する法律」（以下、「DV防止法」）の改正が2014年になされたことで、警察からの面前DV通告件数が急増しました。実際、現在の通告内容の約3分の1が面前DVです。これはつまり、何を虐待とするかによっても虐待発生数は変化するということです。相談対応件数の増加は、これまで認識されていなかった子ども虐待がしだいに明らかになってきている現象ということもできるのです。

② 子どもの年齢と相談経路にみる保育所

　児相へ通告がなされたとき、通告元を相談経路と呼びます。図表8-3に全相談経路における上位3経路と、保育所・幼稚園・認定こども園が全相談経路に占める割合を示しました。相談経路の半数は警察が占めており、これは面前DVの通告によるものが大半です。保育所・幼稚園・認定こども園はおよそ2,000件でした。全国の保育所・幼稚園・認定こども園の数は、およそ4万園（図表8-4）ありますので、1つの園から1件の通告がなされたと仮定すると、全国の園のおよそ5％から通告がなされた計算になります。一方で、学校からの通告数はおよそ1万件で、5倍の差があります。保育所・幼稚園・認定こども園と学校では対象人数に差があります

図表8-3　相談経路にみる保育所等機関の割合
（上位3経路と保育所等のみ抜粋）

経路		件数	割合	
警察等		79,138	49.5%	┐
近隣・知人		21,449	13.4%	├ 上位3経路
学校		10,649	6.7%	┘
保育所等		1,985	1.2%	
	保育所	1,397	0.9%	
	幼稚園	406	0.3%	
	認定こども園	182	0.1%	

出典：厚生労働省「平成30年福祉行政報告例」2020年をもとに作成

図表 8-4　全国の保育所・幼稚園・認定こども園数

種別	施設数	在籍者数
保育所	22,822	2,088,406
幼保連携型認定こども園	4,409	597,085
幼稚園型認定こども園	966	134,858
保育所型認定こども園	720	70,692
地方裁量型認定こども園	65	3,986
幼稚園数	10,474	1,207,884
合計	39,456	4,102,911

出典：保育所は厚生労働省「平成30年社会福祉施設調査」（2019年10月1日現在）、認定こども園は
内閣府「認定こども園の状況について」（2019年4月1日現在）、幼稚園は文部科学省「平成30
年度学校基本調査」（2019年5月1日現在）をもとに作成

が、それでも通告件数は少ないように思われます。その理由はいくつか考えられますが、保育所・幼稚園・認定こども園は保護者との接触機会が多く、また保護者は育児に不慣れで育児相談にも対応していることから、保護者の行為を虐待として通告することに難しさやためらいがあるのかもしれません。

③ 虐待死

子ども虐待による影響のなかで最も厳しい結果は、子どもの死、虐待死です。現在のところ、子ども虐待によってどれだけの子どもが亡くなっているのか正確な人数はわかりません。しかし、報道などで明らかとなった虐待死事例の調査が毎年行われています。2018年度の虐待死は73人でした（社会保障審議会児童部会児童虐待等要保護事例の検証に関する専門委員会「子ども虐待による死亡事例等の検証結果等について」（第16次報告））。そのうち親子心中による虐待死を除いた54人について分析したところ、およそ4割が0歳児でした。また、54人のうち4割弱の保護者は、子育て支援を受けた経験があるにもかかわらず虐待死という結果になっています。

4　虐待を受けた子どもたちへの保育

① 通告後の生活場所

ところで、児相が虐待対応をしたあと、子どもたちはどうなっていくのでしょうか。2018年に児童虐待相談として対応されたのは約16万件で、そのうち児童福祉施設等に入所もしくは里親と暮らすことになった子どもたちはおよそ4,700人で全体の約3％でした（厚生労働省「平成30年福祉行政報告例」）。9割以上の子どもたちは家庭での生活を継続していました。ここからいえるのは、通告は虐待対応の終わりを意味せず、虐待された子どもがそのまま家庭に戻り、ふだんどおり保育所等に通い続けることも多いということです。

虐待死の分析

この検証はあくまで報道などで明らかとなった事例のみを対象にしている。そこで、現在「成育過程にある者及びその保護者並びに妊産婦に対し必要な成育医療等を切れ目なく提供するための施策の総合的な推進に関する法律」（平成30年法律第104号）に基づき、虐待死を含む子どもの死因究明の全国的な実施体制が整備されようとしている。

次頁の②でとりあげた内容が、保育者が虐待を早期発見するためのポイントです。

図表 8-5　幼児期にみられる生理的・行動的問題

落ち着かない（多動と衝動性の亢進）	虐待を受けた子どもたちの一部は落ち着きに乏しく、多動が目立つ。人なつこく、さかんに相手に関わるが、相手への配慮を欠き、むしろ嫌がることを執拗に繰り返したりするので、幼児集団に入るとトラブルが頻発する。
眠れない（睡眠覚醒リズム障害）	虐待を受けた子どもたちの多くは、幼児期からの睡眠のさまざまな困難を示す。まず、夕方から夜にかけてテンションが高いことが多く、どたばた騒ぎまわって落ち着いて睡眠の体勢に入れない。入眠すること自体を怖がったり恐れたりする子も多い。また、うまく入眠できても睡眠が長続きしない子も多く、夜驚*を生じて中途覚醒するケースや、夢中遊行*を呈するケースもある。いずれも起きたときにはそのことを覚えていないのが一般的である。
食事の不安定とトイレの失敗	まともな食生活を保障されない状態では、偏食を呈するのは当然であり、おなかを空かした子が機会を見つけて過食したり、食事以外のものを異食したり、人のものを盗食するのは当たり前なのだが、これらはしばしば習慣化して、安定した食事を供給しても回復しないため、病的なものとみなされてしまう。虐待を受けた子どもの排泄自立は遅れがちで、おむつが取れた後もしばしば昼間の遺尿*・遺糞*を残したり、長い期間夜尿を呈する。

出典：奥山眞紀子・西澤哲・森田展彰編『虐待を受けた子どものケア・治療』診断と治療社、2012年を一部改変

重要語句

夜驚
→睡眠障害の一種で、恐怖の叫び声などをともなって、おびえたような表情や動作を示すもの。翌朝、本人はそのことを覚えていない。

夢中遊行
→一般に夢遊病ともいわれる睡眠障害の一種。夜間の睡眠時に、ベッドから起き上がって歩き回るエピソードを繰り返す。翌朝、本人はそのことを覚えていない。

遺尿
→排尿の失敗。

遺糞
→誤った排便習慣。排尿と異なり意識的にもらしていることが多い。

② 虐待による子どもたちへの影響

　以上のように考えると、保育所等では、虐待を受けた子どもたちのことを理解し、理解したことを日々の保育実践に生かしていくことが大切です。虐待による影響は年齢によっても異なるため、ここでは幼児期を中心に説明します。

　虐待の影響としてまず考えたいのは、生理的・行動的問題です。生理というのは、睡眠や消化・排泄といった生きるために必要な体の働きです。虐待はそうした生理機能に影響を及ぼします。保育のなかでも「寝つかない」「食事時の行動異常」「トイレの失敗」などがみられたり、落ち着きがない様子がみられることがあります（図表 8-5）。ネグレクトを受けた子どもたちのなかには、歯がほとんど残らなくなるような重度の虫歯の子どももいます。

　虐待は子どもの心にも影響を与えます。ここでは次の 2 つをとりあげます。1 つ目は PTSD*です。PTSD は 3 つの症状を示します。①侵入症状*：遊びの最中に頭のなかで怒鳴り声がよみがえって暴れてしまうような様子としてみられます。②回避症状*・認知や気分の否定的変化*：どうせ楽しくないと感じて活動にのってこない、まわりの子どもの言動が自分を否定しているように感じて怒ったり泣いたりするといった様子としてみられます。③覚醒と反応性の変化：イライラ・ビクビクしているようにみえたり、ものごとに注意して取り組むことができなくなるといった様子としてみられます。

　2 つ目として、虐待は対人関係に影響を与えます。人は、小さいころか

らよく関わってもらい、世話をしてもらうなかで、養育者、ひいては人や社会を信頼する気持ちが育っていきます。しかし、虐待は、本来なら思いやりの言葉が投げかけられるはずの場面で、代わりに、罵りの言葉や暴力を投げかけられるのです。子どもたちはそうした虐待的環境を基盤に成長し、適応していきます。その結果、場当たり的な関係や人からの攻撃を前提とした関係性を示すようになります。具体的には、誰彼構わず近づきベタベタする、そうかと思うとちょっとしたきっかけで別の大人へと対象を変える、はじめて会った大人に対して「お前なんて嫌いだから」と攻撃的な言葉を投げつけて反応を見るといった行動がみられるようになります。

③ 虐待を受けた子どもたちへの保育

これまでみてきたように、虐待はさまざまな影響を子どもに与えます。保育において虐待を受けた子どもたちに接するには、通常の保育実践に2つの視点を加えるよう考えるとよいでしょう。その視点とは、①安心と安全を保障すること、②トラウマ*に対応することです。①では、子どもたちが虐待的環境から学んだ不適切な関わり方に保育者が巻き込まれないよう注意が必要です。巻き込まれた結果、子どもを突き放したり攻撃してしまわないように、適切な関係のもち方を保育者自身が示していくことが大切です。②では、子どもが反応してしまうようなきっかけ（リマインダー）がわかれば取り除き、トラウマを引き起こすような怖いものはないのだという実感を与えていけることが大切です。

2　多文化共生の保育

1　対象となる子どもたちと家族

多文化という言葉を聞くと、外国籍の子どもたちのことが思い浮かぶでしょうか。2018年に改訂された「保育所保育指針解説」（図表8-6）を

図表8-6　「保育所保育指針解説」にみられる多文化共生の保育関連事項（抜粋）

「保育所保育指針」	「保育所保育指針解説」
第2章4　保育の実施に関して留意すべき事項 （1）　保育全般に関わる配慮事項 オ　子どもの国籍や文化の違いを認め、互いに尊重する心を育てるようにすること	保育所では、外国籍の子どもをはじめ、様々な文化を背景にもつ子どもが共に生活している。保育士等はそれぞれの文化の多様性を尊重し、多文化共生の保育を進めていくことが求められる
第4章2　保育所を利用している保護者に対する子育て支援 （2）　保護者の状況に配慮した個別の支援 ウ　外国籍家庭など、特別な配慮を必要とする家庭の場合には、状況等に応じて個別の支援を行うよう努めること	外国籍家庭など特別なニーズを有する家庭への個別的な支援に関する事項を新たに示した

出典：「保育所保育指針解説」2018年をもとに作成

プラスワン

虐待の影響

ここであげる影響は虐待の結果としてみられる状態で、虐待発見の気づきの一つにもなる。複数の状態が重複するなど、虐待が疑われる場合には園内で情報を共有し、場合によっては市町村の窓口や児童相談所への通告を行う。保育における虐待の発見と対応については以下の文献も役立つ。保育と虐待対応事例研究会 編著『保育者のための子ども虐待対応の基本──事例から学ぶ「気づき」のポイントと保育現場の役割』ひとなる書房、2019年、「倉石哲也『保育現場の子ども虐待対応マニュアル──予防から発見・通告・支援のシステムづくり』中央法規出版、2018年

重要語句

PTSD

→心的外傷後ストレス障害。

侵入症状

→思い出そうとしていないのに記憶がよみがえり、そのときと同様の心身の苦痛が生じる。

回避症状

→出来事を思い出したり考えたりすることや思い出すきっかけになることを避けようとする。

注意深く読むと、対象となっているのは外国籍の子どもたちだけではなく、さまざまな文化を背景にもった子どもたちであることがわかります。たとえば、日本国籍の両親が海外で生活しているときに生まれて、途中から帰国した子どもたちのように、人生の全部もしくは一部を日本とは異なる文化のなかで育った子どもたちは、日本語を十分に話すことができない場合がありますし、身についた生活様式が異なることがあります。

保護者も対象となります。なかにはまったく日本語を話せない人もいますし、家庭の文化によっては、日本では当たり前に食べているものが食べられないということもあります。多文化共生の保育では、「国籍」「言葉」「（その家庭ごとの）文化の違い」に基づいて生じる多様性への配慮が必要になります。しかし、そうした違いを理解して対応するだけでは不十分であるとの指摘があります（卜田、2013）。それぞれの家族の成り立ちを追うと、その時代の政治や多数派の意見や意識に翻弄されてきた事実がみえてくることがあります。保育する側の多くがその多数派に属するということもあります。自分とは関わりのないことではなく、多文化共生には、保育者自身が、自らの属する文化と子どもの家庭の文化との関係性を意識した関わりが必要になるといえます。

2　在留資格をもつ外国籍の人々の現状

法務省によると、2019年12月時点で約293万人の人たちが日本において外国人として登録されており、過去最高となっています（図表8-7）。人数の多い国は、上位から順に中国、韓国、ベトナム、フィリピン、ブラジルです。ここ5年の間に特に変化があったのはベトナムで、2015年時点では5位でしたが、2019年には3位になっています。この間には、2017年に在留資格*「介護」および「技能実習*3号イ及び3号ロ」が、2019年には在留資格「特定技能1号及び2号」が追加されています。

保育の対象となる0～6歳では、年齢ごとに異なりますが、全体としては増加しており（図表8-8）、現在ではおよそ13万人の在留外国人の乳幼児が日本で暮らしています（図表8-9）。国別にみると、在留外国人全体

図表8-7　国籍別在留外国人の割合

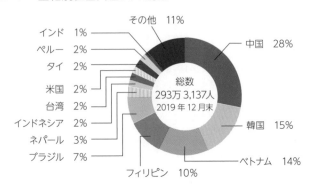

注：割合が1％未満のものはその他で一括した。
出典：法務省「在留外国人統計」2019年12月をもとに作成

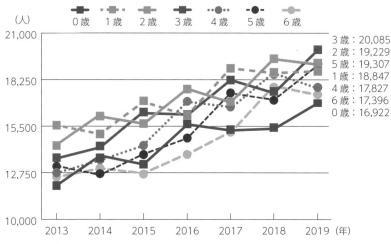

図表 8-8　0 〜 6 歳の在留外国人の年次推移

3 歳：20,085
2 歳：19,229
5 歳：19,307
1 歳：18,847
4 歳：17,827
6 歳：17,396
0 歳：16,922

出典：法務省「在留外国人統計」2013〜2019 年をもとに作成

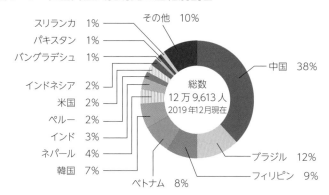

図表 8-9　在留外国人乳幼児の国籍別割合

総数
12 万 9,613 人
2019 年 12 月現在

中国　38%
ブラジル　12%
フィリピン　9%
ベトナム　8%
韓国　7%
ネパール　4%
インド　3%
ペルー　2%
米国　2%
インドネシア　2%
バングラデシュ　1%
パキスタン　1%
スリランカ　1%
その他　10%

注：割合が 1%未満のものはその他で一括した。
出典：図表 8-7 と同じ

の傾向とは異なり、韓国が順位を下げ、代わりにブラジルが 2 位になっています。中国とブラジルで全体の半数を占めています。

3　多文化共生の保育場面における子どもの特徴

① クラスでの様子

　子どもの年齢にもよりますが、子ども同士では言葉が通じなくてもおもちゃの貸し借りなどをとおしてきっかけをつくり、仲よく遊ぶようになっていきます。また、保育者は、ゆっくり話す、イラストや写真を一緒に使うなどしてコミュニケーションがスムーズになるように工夫をしています。

② 言葉の特徴

　2 つ以上の言語を使うバイリンガルやトリリンガルの人たちについての研究では、いくつかの言語をそれぞれの状況で、さまざまな人たちと、異なる目的のために用いるという「相補性の原理」という考え方が提案され

実際には、入園後の通訳支援や外国語で書かれた保育所や小学校の説明といったパンフレットの配布が行われている地域もあります。

8
コマ目

生活課題を抱える家庭の子どもの理解と援助

97

ています。つまり、話す相手や場面（計算する場面、買い物をする場面など）によって最適な言葉を選択して使っており、逆に場面によってはうまく話せない言葉があるということです。そのため、二言語のうち一つの言語を大人に話そうとしないこともあります。

　習得し始めて間もない子どもたちは、複数の言語を「混ぜる」ことがあります。たとえば、日本語とその子が話す別の言語が混ざったような単語を使うといったようにです。そうした言葉を使っていても、大切なのは、子どもがそこで伝えようとしている意図をくみ取り、コミュニケーションとして応答していくことです。また、家庭と保育所で使用する言語を一つにする必要はありません。子どもたちは複数言語を同時に習得していきます。多言語の子どもたちは、単一言語だけを使っている子どもと同じような言葉の使い方はしていないようです。より適切な表現の言葉を使ったり、場面に応じて言葉を使い分けたり、複数の言葉をうまく使って話をしているという認識で関わるとよいでしょう。

　一方、就学後、読み書きの言語を習得するためには、日常会話の習得よりもはるかに多くの時間が必要です。自然な環境のなかで第二言語を習得している子どもでは、5年間を要すると推定されています。

4　外国につながる子の保護者への支援

　保護者のなかには日本語をまったく話せない人もおり、対応が求められます。配布物にふりがなをふる、個別にていねいに伝えるといった配慮がなされています。しかし、それでも園の決まりごとなどが伝わらないこともあり、苦慮します。そこで、そもそも保育所とはどういったところであるかなどの基本的な事柄を、行政が、複数言語のパンフレットにまとめて配布している地域もあります。

　また、文化的な差異が問題になることがあります。毎日の入浴習慣がない、生野菜が食べられない、宗教的理由により食べられないものがある、参加できない行事があるなどに対して、一つひとつていねいに対応していく必要があります。

　さらに、保護者の労働との関係も問題になることがあります。日本は、少子高齢化による労働力不足を補うため、1980年代から外国人労働者を増やしてきました。しかし、その雇用形態はほとんどが不安定なアルバイトや派遣労働などになっています。そのため、よりよい賃金を求めて転々と転居を繰り返す、深夜の長時間労働に従事する、また母国へ帰国せざるを得ないといったことが生じます。子どもたちはそうした家族の状態によって、急な転園や他県への転出、登園時間の遅れ、長時間保育といった状況になりがちです。

　現在は、在園する保護者の文化背景は多様であり、そのため話す言語が複数にまたがることも多くなっています。それはつまり、それぞれの文化背景も異なるということです。加えて、家族の労働形態の問題もあり、一つの園だけで対処するには限界があります。行政とも連携して問題に取り組む必要があります。

3 貧困家庭の子どもの理解と援助

1 今なぜ貧困なのか

　今なぜ貧困の問題が取り上げられるのでしょうか。のちに保育所となる保育事業は、もともと貧困家庭の子どもを対象として展開してきた経緯があります。福祉政策を、貧困の視点から切り離して考えることは困難です。にもかかわらず高度経済成長期以降、この問題には焦点が当たることなく経過していきました。しかし、2006年に経済協力開発機構（OECD）によって公表された日本の貧困率は16％と、加盟先進国のうち2位であり、子どもの貧困率（17歳以下の子ども全体に占める貧困線*に満たない17歳以下の子どもの割合）も14％ときわめて高い値が示されたことで、日本の重要な問題として再認識されるようになっていきました。

　現在の日本で「子どもの貧困」をどのようにとらえたらよいのか、教育学者の松本伊智朗は、以下のように述べています。「貧困の基準を『飢え死にするかどうか』といった水準ではなく、みじめな思いをすることなく、市民として社会への参加を可能にする水準として考えることです」（子どもの貧困白書編集委員会編『子どもの貧困白書』明石書店、2009年、12-13頁）。

　つまり、子どもの貧困は、その子がまわりの子どもたちと比較してより乏しい社会生活環境に置かれているかどうかによって判断していく必要があることを指しています。これを「相対的貧困」といいます。貧困の根幹には経済的困難がありますが、子どもの貧困を考えるうえでは、経済的困難に連なって生じる要因が、子どもの成長や発達の機会を奪ってしまうことに思いを巡らせる必要があります（図表8-10）。

図表8-10　子どもの貧困とその周辺

出典：子どもの貧困白書編集委員会編『子どもの貧困白書』明石書店、2009年

8コマ目

生活課題を抱える家庭の子どもの理解と援助

語句説明

貧困線

→1世帯の所得を世帯人数で調整したうえで、全世帯分を並べたときの中央値の半分となる値。

プラスワン

貧困をなくすための世界の取り組み

2015年 ニューヨーク国連本部において「国連持続可能な開発サミット」が開催され、人間、地球および繁栄のための行動計画として、宣言と、17の目標と169のターゲットからなる「持続可能な開発目標（SDGs）」がかかげられた。SDGsの1番目の目標は、「あらゆる場所のあらゆる形態の貧困を終わらせる」である。（国際連合広報センターホームページ https://www.unic.or.jp/activities/economic_social_development/sustainable_development/sustainable_development_goals/（2020年11月10日確認））

絶対的貧困

極度に貧しい暮らしを示す基準として、世界銀行は「国際貧困ライン」をもうけた。この基準は、現在「1日1.9米ドル（約200円）未満で生活しなければならない状態」とされている。

2 子どもの貧困の背景としての母子家庭

　子どもの貧困の背景には、若年の保護者であるために所得が低く、出産と子育てによって収入が減ることも珍しくないため貧困率が上がる傾向や、保護者の疾患や障害によって所得が下がるといった状況があります。

　特に問題となっているのは、「ひとり親世帯」の貧困です。厚生労働省「国民生活基礎調査」(2019年) によると、ひとり親世帯の貧困率はおよそ50％で、2世帯に1世帯が貧困という現状にあります。日本社会では、男女間に賃金格差があり、厚生労働省「賃金構造基本統計調査」(2018年) によると、女性の平均賃金は男性の64％になっています。そして、厚生労働省「平成28年度全国ひとり親世帯等調査結果報告」では、児童のいる世帯の世帯収入が708万円であったのに対して、母子家庭の世帯収入は348万円と半分以下になっています。母子世帯のなかでも6％は年間の世帯収入が100万円未満であり、月の収入が10万円以下にも満たない状況での生活を送っています。

　全国母子生活支援施設協議会の会長を務めた大塩孝江は、就労したくてもできない、安定した就労につくことができない現状には、①生い立ちによる壁、②学歴の壁、③身元を保証する手立てがないことの壁、④ひとりで子育てをすることの壁、⑤就労先の限定という要因があるとしています (子どもの貧困白書編集委員会編『子どもの貧困白書』明石書店、2009年、220-222頁)。母子世帯の貧困の問題は、個人の自己責任で解決することはできず、社会的な政策が不可欠です。そして、こうした女性の就労問題は、結局、何の責任もない子どもたちの豊かな将来を保障するための環境をも奪ってしまうのです。

3 保育所における貧困支援

　貧困に対しては経済的な支援が必要です。就労支援や生活保護の受給、就労のために一時的に子どもを乳児院や児童養護施設に預けるといったソーシャルワークが必要になることもあります。ただ、こうした支援は保育所が主導して行うことではなく、福祉事務所や児童相談所などとの連携のなかで、保育所は家族と近い機関の一つとして情報の収集や保護者のサポート、何より子どもたちの毎日の生活を支えるなかでの生活や発達の保障を実施していきます。その際、貧困の解決には社会の仕組みを是正することが必要であるという視点に立つことが大切です。

おさらいテスト

❶ 生活課題として [　　　　　]、[　　　　　]、[　　　　　] を理解する。
❷ 保育における生活課題への対応は、[　　　　　] を中心に。
❸ 保護者は責任を追及する対象ではなく、[　　　　　] としてとらえる。

プラスワン

母子家庭の世帯収入

この世帯収入には、就労収入だけでなく、生活保護法に基づく給付、児童扶養手当等の社会保障給付金、離婚した配偶者からの養育費、親からの仕送り、家賃・地代などを加えたすべての収入が含まれている。

調べてみよう

- -

　学んだことを深めるために、次のことについてインターネットや図書館で調べてみましょう。

① 「凍りついた瞳」（frozen watchfulness）

[

]

②要保護児童対策地域協議会とその役割

[

]

③日本における「無国籍」の子どもの人数

[

]

④日本における「ブラジルタウン」の成り立ちと現在の課題

[

]

⑤生活保護と母子加算の変遷

[

]

ロールプレイをしてみよう

以下の事例を読み、①～③について考えてみましょう。

事例 タカシくんの威圧

　保育者の鈴木先生は、4歳児のタカシくんの家ではお父さんが厳しく"しつけ"をしていると、主任から説明を受けていました。クラスのなかでのタカシくんは、多くの子どもたちからはどこか浮いているようにみえます。ときおり、タカシくんは「なんだ、てめえ」と、4歳児では使わないような言葉でほかの子どもたちを威圧することがあります。そうかと思うと、保育者にべったりと体を寄せ「せんせー」と甘えることもありました。ある日の給食の時間、みんなの好きなから揚げが残り、まだ食べられる子どもたちがお代わりに並んでいました。タカシくんも器をもって並び、よそってもらって席に戻ろうとしていました。そのとき、後ろに並んでいたマイちゃんとぶつかり、タカシくんは器ごと唐揚げを落としてしまいました。タカシくんは「なんだ、てめぇ！」と激しく怒りました。保育者が「マイちゃんはわざとしたわけじゃないよ」と声をかけたところ、タカシくんの表情が崩れ、涙を流しながら「なんだよ、どうせ俺が悪いんだろ！」と叫びました。マイちゃんは怒鳴られて泣き出し、まわりの子どもたちは固まっていました。

　4の倍数のグループに分かれ、「タカシくん」「マイちゃん」「ほかの子ども」「鈴木先生」の役を割り振ってください。

私は、＿＿＿＿＿＿＿＿＿＿役

①それぞれの役で、エピソードの最後のときの気持ちを考えて書きましょう。鈴木先生役の人は、対応を考えて書きましょう。

[
　　　　　　　　　　　　　　　　　　　　　　　　　　　　　　　　　　　　　　　
]

②鈴木先生役の人は、①で考えた対応に沿って、それぞれの役の人に声をかけるなどしていきましょう。ほかの役の人は、声をかけられてどう感じたか、何を思ったかを考えながら書き留めましょう。

[
　　　　　　　　　　　　　　　　　　　　　　　　　　　　　　　　　　　　　　　
]

③最後に、鈴木先生役の対応に対してそれぞれの役の人が感じたことや思ったことを発表し合い、より適切な対応のしかたがあるかどうかグループで話し合いましょう。

[
　　　　　　　　　　　　　　　　　　　　　　　　　　　　　　　　　　　　　　　
]

演習課題

保護者のことを考えてみよう

　海外から日本にやってきて子どもを産み、日本で育てていく人もいます。次のインタビューは、「ニッポン複雑紀行」に掲載された野津美由紀さんの取材記事からの抜粋です。記事では、そうした家族にとっての「祖国」とはどこなのだろうかという点をテーマにしていますが、抜粋では親が言葉の問題にぶつかる様子が語られます。インタビューを受けているのは、25歳で来日したミャンマー出身のケインさんです。ケインさんは来日後に2人の息子を出産し、日本で育てています。

8
コマ目

生活課題を抱える家庭の子どもの理解と援助

　――学校のお知らせとかは大変ですね。

　それが一番困っています。いっぱいあるし。先生に教えてもらっています。私からの紙が（先生に）来ないときは、先生から連絡してもらって、「お母さん、この手続きはこうです」とか教えてもらって。

　――個別にサポートしてもらっているんですね。学校には他にも日本語が得意ではないお母さんを持つ生徒さんはいるんですか？

　いるけど、日本人と結婚してる人が多いみたいだから、大丈夫みたい。

　――他に困っていることや、助けがあったら良いことはありますか？

　PTAを6年生までのうちに一度やらなきゃいけなくて、今やっています。でも私は学校に行ってもあまり話せない。だから怖いって思われてしまっているのか、なかなか打ち解けられないでいます。「出て」って言われた日に出て、何も言わないで帰ってくる。何を話しているのかが分からない（笑）。分からないままずっと行っているみたいな。

　―― お母さん同士で仲良しな人はいますか？

　仲良しな人がいないですね。あまりしゃべらないから。カウンくん（ケインさんの息子）から「PTAやったほうがいいよ、友達が出来るよ」と言われてやってみたけど、変わらないです。お店（仕事）に行くことが多くて、学校はあまり行けなくて。それもあるかもしれない。

　会ったらいつも私から挨拶するようにしているけど、知らないふりをする人も多いですね。一回、二回は挨拶をして、三回目はもうしないように私もしている。さみしいね。いつも自分は気を付けています。どういう風にすれば一緒になれるかなって思っているけど、でも、うまくはできないですね。

出典：野津美由紀「二つの祖国をもつ親子。母と息子、それぞれにとっての『帰る場所』とは？」難民支援協会ホームページ「ニッポン複雑紀行」https://www.refugee.or.jp/fukuzatsu/miyukinozu02（2021年2月2日確認）より抜粋、一部改変

①ケインさんの話は小学校でのことですが、保育所でも同じような場面は考えられるでしょうか。話し合ってみましょう。

[
　　]

②課題①であげられた場面に対して、保育者として、または保育所として、ケインさんに対してどのようなサポートが考えられるでしょうか。話し合ってみましょう。

[
　　]

第2章

障害児その他の特別な配慮を
要する子どもの保育の実際

この章では、障害等のある子どもの保育の実際を学びます。
保育現場では、障害等のある子どもが、ほかの子どもとともに多様な経験をします。
そのための保育者の援助の考え方や、よりよい保育を行うための
計画について学びましょう。

子ども同士の関わりと育ち合いと子どもをみる視点

1 子ども同士の関わりと育ち合い

1 関わり合いのその前に

　保育を行うなかで、子ども同士が自然に関わり合っていけるようなクラスをつくりたいと保育者は誰しも思います。しかし、コミュニケーションに困難があったり、人と関わることに不安を感じる子どももいます。そのような子にどのように関わっていったらよいでしょうか。事例をみながら考えてみましょう。

事例 1　一人の世界が安心するユキエちゃんの世界の広がり

　5月、よく晴れた日に、4歳児クラスのユキエちゃんは部屋の窓から外を見ています。何をしているんだろうと思い、ミスズちゃんは声をかけに行きました。「ユキエちゃん何みてるの？」そう声をかけられたユキエちゃんは、すっと顔をそむけてどこかへ行ってしまいました。何日かたった晴れた日に、ミスズちゃんはユキエちゃんが同じところに立っているのを見つけました。そのとき、一歩離れた横にまさこ先生が並んでいました。まさこ先生はときどきクラスにきている先生です。ミスズちゃんが見ていると、まさこ先生が外を眺めたまま「お庭の池がキラキラしてるね。きれいだね」と話していました。ミスズちゃんは、ユキエちゃんがどこかに行ってしまうかもしれないと思いましたが、ユキエちゃんはどこにも行きませんでした。ミスズちゃんはどうしてかなと思いました。

　事例1で取り上げられているのは、コミュニケーションをとることが難しいユキエちゃんと、同じクラスのミスズちゃん、そして加配保育者のまさこ先生の様子です。
　ユキエちゃんは、まだ一人でいることのほうが安心できるようです。相

図表 9-1　子どもたちの世界の広がり

子どもたちの世界	状　態	保育者の支援
個の世界	自分の思いのままに、自分の世界のなかで過ごす。	一人遊びを十分に行うことが大切となるため、保育者はそばで見守ることが大切。
他者との世界（一対一）	他者の世界に興味・関心が向く。	子どものペースをみて、まずは保育者が同じ空間にいることから始める。
他者との世界（少人数）	保育者と楽しく過ごすことができる。周囲の子どもたちがそうした様子に興味をもつ。	保育者が関わり方をていねいに示し、また子ども同士が関わることができるよう仲立ちをする。
他者との世界（集団）	関係性の範囲が広がり、集団のなかにいられる、もしくは活動することができる。	子ども同士のやりとりを見守り、ときに援助をしながら、すべての子どもの社会性が育つよう配慮をする。

出典：前田泰弘編著、立元真・中井靖・小笠原明子『実践に生かす障害児保育・特別支援教育』萌文書林、2019年をもとに作成

手から話しかけられることには抵抗があるようですが、少しだけ離れて一緒にいることは抵抗がないようです。子ども同士の関わりはもちろん大事なのですが、まだ子ども側に準備ができていない場面もよくみられます。図表 9-1 に、集団に至るまでの過程をいくつかに分けて示しました。対象となる子どもがどの段階にいるのだろうかと想像しながら、無理なく関わる対象を広げていくことが大切です。一方で、一人でいることが安心できるからといって放っておいてはいけません。その子が許容できる範囲のなかで、少しずつ人と関わることへの興味を育てていくことが大切です。

2　媒介者としての保育者

　ユキエちゃんは、ミスズちゃんからの突然の働きかけに対しては応答できませんでした。しかし、ユキエちゃんが嫌がらない程度の距離と言葉かけをしたまさこ先生が隣にいることは拒否せずに受け入れています。この様子から、ユキエちゃんは他者との世界（一対一）にいると考えられます。まさこ先生はユキエちゃんの世界にそっと入り、一緒の空間にいることを許されているようです。まさこ先生はユキエちゃんのほうを見ず、ユキエちゃんと同じ方向に視線を向けています。ユキエちゃんがまさこ先生に慣れてもう少し世界が広がってくると、ユキエちゃんのほうを向いて話しても大丈夫になります。

　対人関係に困難のある子どもに対しては、まず保育者が関わりをつくります。そうすることで、その子どもも安心してそこにいることができるようになり、その後、活動への参加を促したり、他児との関わりへと広げたりしていくときの足がかりとなっていきます。

まさこ先生はゆっくりと関係を築きながら、同時に、もう一つのことを意識していました。それは、周囲の子どもたちに与える影響についてです。

　事例1をもう一度みていきます。ユキエちゃんとミスズちゃんの関わり合いは、ミスズちゃんからスタートが切られます。でも成立しませんでした。ミスズちゃんは、ユキエちゃんの行動に興味をもったからこそ関わりを始めたのでしょうから、その結果に残念な気持ちになったかもしれません。しかし、別の日に、まさこ先生がミスズちゃんと一緒にいる様子を目撃します。ミスズちゃんの驚きのなかには、ユキエちゃんは一緒にいても嫌じゃないんだという気持ちやあんなふうにしたらいいんだという気持ちがあったかもしれません。つまり、ミスズちゃんは、関わりたいという気持ちをもちながらも、どうやって関わってよいかがわからなくなってしまっており、そんなときにうまくいくやり方をまさこ先生というモデルを通じて学んだと考えられます。

　まさこ先生は、ユキエちゃんとの一対一の関係をつくりつつ、ミスズちゃんのような周囲の子どもたちがユキエちゃんとの関わり方を知って少人数の関係に入ってこられるように、モデルを示して準備をしていたのです。このように、保育者には障害のある子どもたちと周囲の子どもたちを結ぶ役割があります。どのように結びつけるのか、主なものを図表9-2に示しました。

　少人数の世界の場合、周囲の子どもたちは、対象となっているその子に関心があったり、世話をすることが好きであったりします。たとえば、その子がこだわりのためにおもちゃを手放せなかったとしても、周囲の子どもたちはその行動を許したり、ときに取り合いになったりしても別の場面ではおもちゃを貸してくれていたりします。周囲の子どもたちに芽生える、自分と異なった他者への興味・関心をうまく伸ばしてあげられるとよいでしょう。

図表9-2　障害のある子どもと周囲の子どもたちを媒介する方法

- 関わり方のモデルとなる
- 障害のある子どものよいところ、周囲の子どもたちのよいところを双方へ知らせる
- 周囲の子どもたちが気になる、対人関係が困難な子どもの行動の理由を伝える
- 周囲の子どもたちの行動の理由を障害のある子どもへ伝える
- 周囲の子どもたちが適切な関わりを示したときにほめる
- 障害のある子どもがやりたいことを代弁する
- 障害のある子どもが、「ありがとう」や「ごめんなさい」といったサインを出せるように取り組む

3 子ども同士の育ち合いの援助

　障害のある子どもの世界がさらに広がり集団参加になってくると、個別的な配慮をしているその子ばかりに時間を使ってしまい、周囲の子どもたちが犠牲になってしまうのではないかと心配になり、個別的な配慮をしていてよいのだろうかと考えてしまうことがあるかもしれません。けれど、障害のある子どもが個別的な配慮によって成長し、それを見ていたまわりの子どもたちもその子との関わりを学んでいきます。事例1でまさこ先生が意図していたように、個別的な配慮のなかに集団への配慮を含めることもできます。周囲の子どもたちも含めた個々の子どもたちの成長は、集団の成長にもつながります。一方で、集団活動を計画し、実施方法を考える過程のなかで、一人ひとりの子どもたちのことが見え、よりよい個別的な配慮へとつながることもあります。このように、個別的な配慮と集団の配慮は、どちらか一方ではなく、両方を一歩ずつ進めていくことで相互に影響し、安定したクラスの運営へとつながっていきます。

　子ども同士の育ち合いを援助するうえでは、クラスが安定して運営されることが基盤になります。大きく3つの視点をもって保育を考えるとよいでしょう。

　1つ目は、周囲の子どもたちに合った保育環境の構成をするということです。保育環境が、周囲の子どもたちの今の興味や関心、発達の度合いに合わせたものになっていないと集団全体が落ち着かなくなり、クラス運営が成り立たなくなることがあります。たとえば、保育者の過去の経験に頼りすぎて、活動的な子ども集団におままごとなどの遊びばかりの環境を構成してしまうといったずれが生じることもあるので、気をつけたいところです。

　2つ目は、保育の進行や展開のしかたに配慮する視点です。障害のある子どもだけに個別的な配慮を行っていると、障害はないけれど、その活動が苦手な子どもや少し発達がゆっくりした子どもたちが活動についてこられず、飽きてしまうことがあります。これは、言葉が難しすぎたり、説明が長すぎて集中力が続かなかったりするためかもしれません。4歳児ならこれくらいはできなくてはいけないといったような思い込みによらず、目の前の子どもたちの状態に合わせて、もう一歩ていねいな説明や伝え方を工夫できるとよいでしょう。

　3つ目は、子どもたち同士が、自分と違う相手への肯定的な関心を育てていけるようなクラスづくりです。具体的には、図表9-2であげたような支援がこれに当たります。周囲の子どもも障害のある子どもも保育者の姿をよく見ています。それは、ふとした子どもたちの言動に表れます。クラスの子どもたち同士がお互いを認め合い、ときには支え合えるように、保育者自身が障害のある子どもを大切にし理解しようとすることが大切です。

まずは周囲の子どもたちが飽きたり、過度なストレスになったりする環境をつくらないことが大切です。

保育者の言葉の遣い方やしぐさから、障害のある子に対する保育者の感情を周囲の子どもたちは読み取っていくのですね。

9 コマ目　子ども同士の関わりと育ち合いと子どもをみる視点

2 子どもたちのとらえ方と関わり方

1 行動のとらえ方と関わり方

　子どもたちのことを理解するための一つの手がかりは、行動です。そして、行動の意味を知るためには、行動だけを見ているのではわかりません。では、どこに注目すればよいのでしょうか。事例をとおして学んでいきましょう。

事例 2	バラバラッと崩れる積み木が「払いのける」行動を維持する

　０歳児クラスで、カズくんがしずか先生のひざに座っています。しずか先生は積み木を積み上げて塔をつくっています。カズくんは塔に興味がないのか、テーブルに置いてあるほうの積み木に手を伸ばしています。そのとき、しずか先生が積み上げた塔にたまたまカズくんの手が当たり、バラバラと積み木が崩れました。散らばった積み木を見てカズくんは大喜び。その後、しずか先生が積み木を積むと、今度は手で払いのけるように塔を崩し、バラバラッと崩れる積み木をみて喜んでいます。

　カズくんの、たまたま偶然起きた「払いのける」という行動は、「積み木が崩れる」という結果によって再度引き起こされます。また、「払いのける」という行動は、「積み木の塔」を目にするという刺激に続いて起きるようになっています。このように、特定の刺激（弁別刺激）下で特定の行動（オペラント行動）が起きたときに、特定の後続結果が起こるという関係を三項随伴性*といい、行動を考えるときの単位となっています。この関係を図表9-3に示します。

　三項随伴性は、行動を考えるときの単位です。カズくんの例は単純な例でしたが、子どもたちが示すさまざまな行動をよく観察すると、弁別刺激

図表 9-3　子どもの行動の原理（三項随伴性）

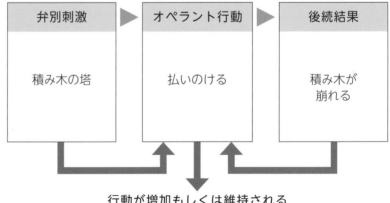

行動が増加もしくは維持される

と後続結果が見つかります。この行動原理を実際の保育に応用すると、子どもたちの行動を理解し、より適切な支援をするときに役立ちます。以下に三項随伴性の考えをもとに取り組んだ事例を紹介します。

事例 3　**エリちゃんの泣くことによる抵抗を三項随伴性で分析**

　4歳児のエリちゃんはダウン症で、知的能力に遅れがあります。おやつの時間、牛乳の好きなエリちゃんは2杯目のおかわりを飲んだあと、担任のゆりこ先生に3杯目のおかわりを求めています。子どもたちにはおかわりは1回だけと話をしていたこともあり、ゆりこ先生は「エリちゃん、もうおしまいね」と伝えました。すると、エリちゃんは怒った表情で「おかわり！」と叫びました。それでももらえないとエリちゃんは泣き出してしまいました。ゆりこ先生は、「抵抗する行動のあと、結果としておかわりをあげてしまったらそのときはおさまるけれども、今後、抵抗する行動を強めたり続けさせてしまう」という三項随伴性の行動の原理について、以前主任保育士から教わったことを思い出しました。ゆりこ先生は、エリちゃんの抵抗する行動にはふれず、ほかのことをしながらエリちゃんの様子を確認していました。そのうち、エリちゃんは泣きやむと、何事もなかったかのようにごちそうさまをしました。ゆりこ先生は、「このタイミングだ」と思い、エリちゃんのところへ近づくと、「エリちゃん、ごちそうさまできてえらいね」と声をかけました。その後も同じような行動がみられましたが、同様の対応を一貫して続けたところ、怒ったり泣いたりする行動は数回ほどでおさまっていきました。

　事例3のエピソードを三項随伴性に当てはめたのが図表9-4になります。「おかわりがもらえる」という後続結果をなくすことによって、「おかわりがもらえる状況」という弁別刺激があっても「泣き叫ぶ」というオペラント行動が起きなくなったと理解されます。

図表9-4　三項随伴性でとらえた行動の問題

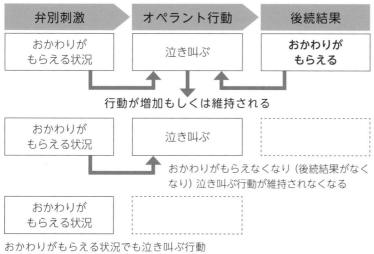

おかわりがもらえる状況でも泣き叫ぶ行動
（オペラント行動）が生じなくなる

■2 発達の視点とアセスメント

　アセスメントというのは、主として子どもたちに適切な支援を実施するために発達や行動、心理的状態を評価することです。評価する方法は、子どもの行動観察、子どもへの面接、保護者や保育者へのアンケート、子どもの描画の分析などさまざまです。アセスメントは、まったく新しいことではありません。日々の保育記録は、子どもの行動観察の結果とみることができるし、子どもの描いた絵を見たときに幼さを感じる場合は、同年齢の他児と比較して発達の遅れを推測しているということです。アセスメントを通じて、その子どもの発達のために、また行動上の問題があれば、その解決のためにどのような保育を行えばよいのかが決まっていきます。その意味で、アセスメントをする際には、一般的な子どもの発達や行動に対する知識と理解が欠かせません。障害のある子どもたちのアセスメントを行ううえで共通して大切な視点を、図表9-5にまとめました。

　アセスメントには、**知能検査***や**発達検査***のように、短時間でより多

図表9-5　子どもをみるときに留意する発達の視点

視点	説明
生物学的要因と環境的要因との相互作用	生物学的要因というのは、遺伝子*や染色体*、病気や障害による要因のことで、これらが子どもの発達・行動に影響する。一方で、どのように育っているのか、周囲の働きかけや支援機器などの環境によっても影響を受ける。子どもの発達や行動は、両者の相互作用の結果であると考えられている。
文化規定性	子どもは、自分が育った国がもつ文化の影響を受ける。広い意味では環境要因による影響であるが、支援される側が別の文化圏で育っている場合にはその文化への理解が必要である。
発達段階	発達には一定期間の様子をひとまとまりにして説明することのできる時期があり、これを発達段階という。たとえば、幼児期と思春期という2つの時期は明らかに異なるまとまりであるとわかる。
発達の順序性	発達には順序性がある。ある段階から次の段階を飛ばして、さらに先の段階に入ることはない。その子どもによって期間の長短はあっても、どの子どもも同じような段階を踏んでいく。
個人差	定型発達であっても1歳になったら全員が歩き始めるわけではなく、10か月で歩く子どももいれば1歳3か月くらいで歩く子どももいる。この差を個人差といい、障害や病気ではないため、その後の発達に問題はない。 一方、同じ障害だからといって、一様に発達するわけではない。ダウン症*でも、2歳で歩く子どももいれば、3歳で歩く子どももいる。 個人差は、環境の要因によっても大きく影響を受ける。
個人内差	一人の子どもにおける能力のばらつきを個人内差という。特に、障害のある子どもではこの差が大きいことがある。たとえば、たくさんおしゃべりをする子どもがいたとして、同じ発達段階でもものごとの意味を理解しているとは限らない。

✐ 重要語句

知能検査

→知的能力を測定するためにつくられた検査。個別面接による行動観察と、質問紙法がある。日本において個別的面接で実施する検査としては、ウェクスラー式知能検査と田中・ビネー知能検査が比較的用いられている。

発達検査

→発達の様子を明らかにするために開発された検査。個別面接による行動観察と、質問紙法がある。日本において個別的面接で実施する検査としては、新版K式発達検査2001が比較的用いられている。

遺伝子

→体の設計図の基本部分。部品の構成が示されている。

染色体

→遺伝子の連なりであるDNAが細かく折り畳まれたもの。

ダウン症

→21番目の染色体の数に異常が生じる病気。多くの場合、知的発達の遅れがみられる。
→2コマ目を参照

くのことやより偏りのない情報を知ることができるものもあります。検査は、保護者などに質問紙へ回答してもらう方法と、子どもと一定の手続きに従って直接面接を行う方法があります。一般的に質問紙法は実施時間が短く、子どもへの負担がないため実施が容易ですが、保護者の見方が強く反映されます。面接検査は、子どもを直接見ることができるため状態を適切に反映させやすい半面、子どもへの負担が大きく、また注意力に制限のある子どもや体力が不足している子どもの場合は、実際の能力よりも低い結果が出ることもあります。これらの検査は、児童発達支援センターのような療育機関や児童相談所、病院などで実施しています。保育所や幼稚園、認定こども園ではあまり実施されていませんが、それぞれ何を知ることができるのかを把握しておくと、他機関から送られてくる検査結果を読み取ることができ、子どもを理解するうえで参考になります。ここで、一つの事例を紹介します。

> 一見高い（低い）ようにみえる能力も、検査を実施することで異なった状態が明らかになることもあるのですね。

事例 4　行動観察だけではみえないショウジくんの特徴

　4月、年長のショウジくんは、製作の時間になるとまわりの子どもにちょっかいを出したりふざけてしまうことがあります。ふだん、ショウジくんは、お話もよくできます。むしろ、保育者も知らないような難しいことを知っていて、それを延々と話してくれることもよくありました。保育のほかの時間では特に目立った問題はみられません。友だちはいないわけではないのですが、一人で遊んでいることもよくあるようです。担任のあつこ先生は、製作の時間の態度について不思議に思いつつ、ショウジくんには製作の時間にふざけないようにしようねとお話をしていました。ショウジくんも、それはわかっているようでした。

　6月に入ったころに三者面談がありました。あつこ先生は、大きな問題ではないのだけれどと前置きしながら、ショウジくんの製作時の様子についてお母さんに伝えました。すると、お母さんはやっぱりという表情をされ、最近病院で受けたという検査の結果を見せてくれました。それは、WISC-Ⅳ（ウィスク・フォー）という知能検査の結果で、次の4つの数値が並んでいました。① VCI（言語理解指標）と呼ばれる言葉の理解をする力を示す値、② PRI（知覚推理指標）という言葉以外の目で見て判断したり理解する力を示す値、③ WMI（ワーキングメモリ指標）という情報を一時的に記憶したりその情報を操作する力を示し、同時に注意力も示す値、④ PSI（処理速度指標）という目で見た情報を素早く正確に読み込んで頭のなかで処理する力を示す値です。

　ショウジくんは、VCI は平均よりも高い値で、WMI も平均的な値なのですが、PSI がやや低く、PRI が明らかに低い値とのことでした。つまり、言葉の理解力には問題はないけれども、形をとらえて操作したりすることは苦手だということです。

　この面談を終えたあと、あつこ先生は製作を行うときにショウジくん用につくり方をわかりやすく示したり、隣にいってモデルを見せたり、細かすぎる作業はあらかじめ自分がやっておくなどの配慮をすることにしました。すると、それまでのようなちょっかいはなくなり、黙々と製作に取り組む姿がみられるようになりました。

子どもの能力は、個人内で差が出ることがあり、障害のある子どもはなおさらです。日常の会話に問題がないと遅れを推測することは難しく、ショウジくんのように「できるはずなのに」と思われてしまいがちです。そのようなときに検査結果があれば確認し、その子の能力のアンバランスさを確かめるのも一つのやり方です。

　最後に、子どもの状態というのは、固定しているわけではないことを知っておきましょう。それは知能検査や発達検査の結果も同様です。そのため、一度行ったアセスメントは現在の状態の反映だととらえ、時期をおいて何度か実施していくことが大切です。それによって子どもの発達の様子を知ることができるとともに、どのような保育が効果的かを考え、子ども一人ひとりに対応した指導計画や支援計画を立てるうえでの手がかりとなります。

おさらいテスト //

❶ 子どもの世界は、個の世界から他者との世界に広がる。他者との世界は、[　　　　]→[　　　　]→[　　　　]と広がる。

❷ 子ども同士が育ち合うために、自分と異なる相手に[　　　　]を向けられるクラスづくりが大切である。

❸ 子どもたちをとらえ関わるためには、[　　　　]と[　　　　]の視点が大切である。

//

ロールプレイで考えてみよう

　次の事例を読み、①テツヤくん役、②カズユキくん役、③よしこ先生役、④そのほかの周囲の子ども役の 4 つのグループに分かれてワークをしてみましょう。

事例	テツヤくんの世界とカズユキくんの世界

　3 歳児クラスのテツヤくんは、図表 9-1 における「個の世界」の段階にいるようです。そんなテツヤくんにはお気に入りの車のおもちゃがあります。自由遊びの時間、カズユキくんが先に車のおもちゃを手にして遊んでいたところ、テツヤくんがそれを見つけて、何も言わずにその車のおもちゃを取ってしまいました。カズユキくんは泣いてしまいました。担任のよしこ先生は、テツヤくんがおもちゃを奪うところから目撃しており、止めることはできませんでしたが、すぐにその場へ行きました。

①それぞれの役の立場に立って気持ちを考えてみましょう。よしこ先生役のグループは、今起きた問題をどのように解決するのかを考えてみましょう。

[

]

②よしこ先生役のグループからテツヤくん、カズユキくん役のグループに対して指示や働きかけの内容を伝えてみましょう。両グループは、その内容に対してどうするかを答えていきましょう。やりとりをしている最中は、グループの一致した意見とならなくてもよいのです。そのほかの周囲の子ども役はそのやりとりを見て、再度どのように思うのか話し合っていきましょう。

[

]

③一連のやりとりのあと、そのほかの周囲の子ども役のグループから、やりとりを見ていて思ったことを伝えましょう。

[

]

④最後に感想を共有しましょう。

[

]

9 コマ目　子ども同士の関わりと育ち合いと子どもをみる視点

子どもの行動を分析してみよう

①自分の生活のなかで、三項随伴性が成立している状況を探して図に書き込んでみましょう。

例：夏の暑い盛り、プールで泳ぐと気持ちがいいので、何度も通っている。

この場合、弁別刺激は「暑い」という状況、オペラント行動は「プールで泳ぐ」こと、後続結果は「気持ちがいい」ことになります。

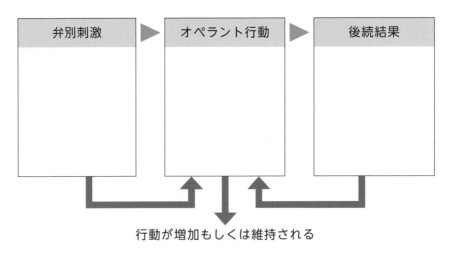

②隣の席の人の図を見せてもらい、互いの例で三項随伴性が成立しているのかを確認してみましょう。確認ができたら、相手の例を下図に記入しましょう。

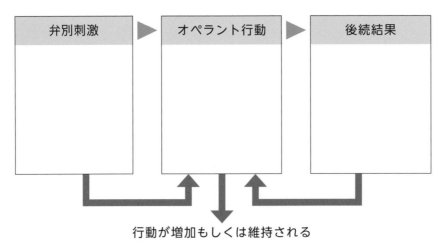

演習課題

知能検査や発達検査を調べよう

　次に示した知能検査や発達検査を 1 つもしくは 2 つ選んで調べてみましょう。調べた内容をグループに分かれて伝え合いましょう。

①知能検査・発達検査等
- ・WPPSII-Ⅲ（ウィプシ・サード）
- ・田中・ビネー知能検査Ⅴ
- ・K-ABC-Ⅱ
- ・新版K式発達検査2001
- ・津守式乳幼児精神発達質問紙
- ・遠城寺式乳幼児分析的発達検査表
- ・KIDS
- ・Vineland-Ⅱ
- ・S-M社会生活能力検査
- ・PARS

＊一部知能検査・発達検査に含まれないものがあります。

②調べる項目
- ・対象年齢
- ・検査の実施形態（たとえば、検査者が対象となる子どもと一対一で個別面接により実施など）
- ・所要時間（検査実施にどのくらいの時間が必要か）
- ・何がわかるのか
- ・どんな場所で使われているのか
- ・どんなときに使われるのか
- ・そのほか

9コマ目　子ども同士の関わりと育ち合いと子どもをみる視点

10コマ目

指導計画および個別の支援計画の作成、職員間の連携・協働

今日のポイント
1. 個別の教育支援計画は教育の視点から長期間を見通した計画である。
2. 個別の指導計画は園や学校ごとに作成される具体的な計画である。
3. 障害児等に関する職員同士の話し合いをケースカンファレンスという。

1 障害児保育における計画

1 計画的な保育の必要性

　保育においては、子ども自らが興味や関心をもって環境に関わりながら多様な経験を重ねていけるように、乳幼児期の発達の特性と一人ひとりの子どもの実態を踏まえ、保育の環境を計画的に構成します。しかし、子どもに経験してほしいことを踏まえて活動を企画しても、想定どおりにならない場合も珍しくはありません。子どもに何らかの障害があればそれはなおさらです。そのような場合も、事前に十分な計画を立てていれば計画のどこに課題があったのかを明確にしやすくなります。

　保育は、PDCAという循環的な過程をとおして行われます。PDCAとは、「計画の立案（Plan）」→「保育の実施（Do）」→「実施した結果の記録および評価（Check）」→「計画の改善（Action）」という一連の流れを意味します。子どもは、一人ひとり異なるので、試行錯誤しながら、個々の子どもに合った関わり方をみつけていかなければなりません。同じように言葉をかけたとしても、子どもによっては受け取り方が異なる場合もあります。障害のある子どもは、障害の状態や発達状態が多様であるため、なおさら個人差を考慮する必要があります。PDCAサイクルに沿って保育を改善していくことで、個々の子どもに適した関わり方などを効率的にみつけていくことができます。

　また、保育者は、日々の保育で失敗を繰り返しながら成長していきます。しかし、どこが失敗だったのかを把握することができなければ成長することができません。PDCAサイクルに従って、保育者自身の保育を振り返ることで効果的な反省ができるため、保育者としての資質の向上につながっていきます。

　このように、計画に基づいてPDCAサイクルの循環的な過程で保育に

取り組むことが重要です。これらの考え方は、障害のある子どもの保育においても同じですが、障害の特性を踏まえつつ、個々の発達の特性や長期的な発達の可能性を考慮して計画することが大切です。

2　保育所保育における計画

　保育所においては、保育所保育の全体像を包括的に示す「全体的な計画」のもとに、「指導計画」「保健計画*」「食育計画*」などを作成します。そのうち、「指導計画」は、日々の保育を実施する際のより具体的な方向性を示す計画となっています。

① 全体的な計画

　全体的な計画は、保育のねらいや内容を明確にするものであり、保育所生活全体をとおして、保育がどのように展開されるのかを示したものとなっています。全体的な計画は、「児童福祉法」や「保育所保育指針」などに示されている内容を踏まえ、それぞれの保育所の理念や方針、実態などに基づいて作成されます。また、子どもや家庭の状況、地域の実態などを考慮して、子どもの育ちに関する長期的な見通しをもって作成されます。

② 指導計画

　指導計画は、全体的な計画に基づいて、日々の保育のより具体的な方向性を示すものになります。実際の子どもの姿に基づいて、保育のねらい、内容、環境、予想される子どもの活動やそれに応じた保育士等の援助・配慮、家庭との連携等について明確にします。指導計画には、長期的（年単位、数か月単位）な見通しを示すものと、それをもとに子どもの生活に即した短期的な予測（週単位、日単位）のものがあります。

　このように、全体的な計画に基づくことで保育所等の理念などを踏まえつつ、長期的な計画から日々の短期的な計画を立てていくことで、保育所全体の目標を見失うことなく、具体的な保育を計画できる仕組みとなっています。

3　指導計画における障害児

　『令和 2 年版　障害者白書』（内閣府、2020 年）の「障害児保育の実施状況推移」によると、障害児保育を実施している保育所の数と保育所に在籍する障害児の数は年々増加傾向にあります（図表10-1）。また、何らかの診断はつかなくても、気になる特徴を示す子どももいます。そのため、保育者が、障害のある子どもなど、特別な支援を必要とする子どものいるクラスを担当することも珍しいことではなくなっています。

　障害のある子どもがいるクラスでは、あらかじめさまざまな事態を想定しておくことが必要であり、障害のある子どもの特性を踏まえた指導計画の作成が不可欠です。障害のある子どもの保育の目的は、障害のない子どもを保育する場合と基本的には同じですが、障害のある子どもの場合、人とのコミュニケーションや社会性、身辺処理などの側面で、ほかの子どもよりもうまくできなかったり時間がかかったりすることが多いため、個々の障害の状態や発達状態によって配慮すべきことが多くなります。

重要語句

保健計画
→保育所では、子どもの健康状態をよりよくしていくために、発育・発達に適した生活を送れるようにしたり、健康診断などの保健活動に関する取り組みを行う。そうした取り組みを計画的に行ったり、職員間で共通理解を図るために、保健計画を作成する。

食育計画
→乳幼児期に適した食生活を展開したり、子どもたちの日々の生活や遊びのなかで適切に食育が行われるように、食育計画を作成する。

10コマ目

指導計画および個別の支援計画の作成、職員間の連携・協働

図表10−1　障害児保育の実施状況推移

出典：内閣府『令和2年版　障害者白書』2020年をもとに作成

　「保育所保育指針」では、障害のある子どもの指導計画の作成の留意点として次のように記しています。

> 「保育所保育指針」第1章3（2）「指導計画の作成」キ
> 　障害のある子どもの保育については、一人一人の子どもの発達過程や障害の状態を把握し、適切な環境の下で、障害のある子どもが他の子どもとの生活を通して共に成長できるよう、指導計画の中に位置付けること。また、子どもの状況に応じた保育を実施する観点から、家庭や関係機関と連携した支援のための計画を個別に作成するなど適切な対応を図ること。

　保育所は、障害の有無にかかわりなく、すべての子どもが、日々の生活や遊びをとおしてともに育ち合う場です。障害のある子どももクラスの集団の一員として指導計画のなかに位置づけ、保育を展開していきます。また、障害の状態や発達状態などが多様であることから、個に応じた関わりも必要となります。したがって、障害のある子どもそれぞれに合わせた「支援のための計画」の作成が必要となります。

 2 個別の（教育）支援計画と個別の指導計画

1 障害のある子どもを支える計画

　園に障害のある子どもがいることで、ほかの子どもがそのような子どもをあるがままに受け入れるようになったり、障害のある子ども自身がほかの子どもとの生活をとおして発達が促されるというメリットがあります。その一方で、ほかの子どもとの関わりのなかで起こるトラブルや活動への

参加のしづらさなどの問題も起こりうるため、保育者は、子どもたちへの配慮のしかたや園における環境構成について計画を立てることが不可欠となります。

　障害のある子どもの保育に関わる計画には、前述した保育の計画（全体的な計画および指導計画など）のほかに、障害のある子どもを支えるための計画として、個別の支援計画、個別の教育支援計画、個別の指導計画があります。図表10-2は、障害のある子どもが生まれてから生涯にわたって支援が行われ、それぞれの時期において、多様な機関が連携することが表現されています。また、図表10-3では、「個別の支援計画」「個別の教育支援計画」が関わることが示されています。

　「個別の（教育）支援計画」が、子どもの実態に応じた支援を可能にするとともに、子どもの生涯の発達を見据えてさまざまな関係機関の連携を促すのに対し、「個別の指導計画」は特定の教育段階や場における教員間での共通理解を促します。

図表10-2　個別の支援計画と個別の教育支援計画

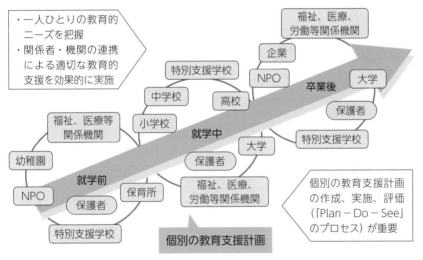

出典：独立行政法人国立特殊教育総合研究所「『個別の教育支援計画』の策定に関する実際的研究」2006年、17頁をもとに作成

図表10-3　障害児保育に関わる計画

個別の支援計画	生まれて障害があるとわかったときから生涯にわたって子どもの発達段階に応じた適切な支援を行うための計画で、教育、医療、保健、福祉、労働等の関係機関が連携して一貫した支援を行うために作成される。
個別の教育支援計画	「個別の支援計画」のうち、学校や教育委員会など教育機関が中心となって作成するもの。教育の視点から適切に子どもに対応していくため、乳幼児期から学校卒業後までを通じて一貫して適切な教育的支援を行うための計画。
個別の指導計画	園・学校における幼児・児童・生徒一人一人の障害の状態等に応じたきめ細やかな指導が行えるよう、指導目標や指導内容、方法等を具体的に表した計画。園、小学校、中学校など特定の時期に合わせて具体化するため、比較的短期的な計画。

出典：独立行政法人国立特殊教育総合研究所「『個別の教育支援計画』の策定に関する実際的研究」2006年をもとに作成

図表10-4 個別の教育支援計画の様式例

作成日　　　　　年　　　月　　　日

名前		年齢		才
生年月日	年　　月　　日	性別	男　　女	
住所				
保護者氏名		家族構成		
診断名				

子どもの現在の状況	障害の状態として、本人や家庭の困難な状況などを記入する。また、現在の発達の状況として、運動発達、基本的生活習慣の獲得、言語発達、社会性の発達などを記入する。
療育機関等	定期的に通っている療育機関の情報を記入する。現在、どこでどのような支援を受けているのかを明確にする。

本人・保護者の願い（ニーズ）	家庭・園・地域などでの生活が充実したものになるように、本人・保護者の願いを書く。また、それは将来の生活を見通した内容とする。
支援目標	本人・保護者の願いに基づいた支援目標を記入する。支援は、園・家庭・関係機関が連携して行うものであることに留意し、それぞれが共有する。また、最初から無理な目標を設定するのではなく、実現できる現実的で具体的な目標とする。
支援内容・評価	支援目標を達成するために、実際にできる具体的な支援の方法を検討し、支援内容の概要を書く。園・家庭・関係機関などそれぞれにおける支援内容を区別して書くこともある。支援内容は支援目標と照らし合わせてどうであったのかを評価する。

2　個別の教育支援計画

　個別の教育支援計画について具体的にみていきましょう。個別の教育支援計画は、子ども一人ひとりのニーズに基づき、乳幼児期から学校卒業後までの長期的な視点で、一貫して適切な支援を行うことを目的に作成される計画です。教育と他分野との一体となった対応を確保するため、教育だけでなく、福祉、医療、労働等のさまざまな側面からの取り組みを含めた関係機関の連携協力のもとで作成され、保育や教育を行う場で活用されます。個別の教育支援計画には、主に以下のような内容が含まれます。実際の様式例を図表10-4に示します。

・名前や年齢、性別などの基本的な情報
・生育歴、家族構成など
・子どもの現在の状況として、園・家庭での様子
・利用している療育機関など
・本人・保護者の願いとして、どのようなニーズがあるのか
・得意なことや苦手なこと
・支援目標

・支援内容
・支援内容の評価

3　個別の指導計画

　次に、個別の指導計画についてみていきましょう。個別の指導計画は、個別の教育支援計画の内容を踏まえて、より具体的に幼児・児童・生徒一人ひとりの教育的ニーズに対応して、指導目標や指導内容・方法などを盛り込んだ計画です。個別の指導計画は、どのくらいの期間を対象とした計

図表10-5　個別の指導計画の様式例

作成日	年　　月　　日	作成者	

名前		年齢	才
生年月日	年　　月　　日	性別	男　　女
診断名			

目標	およそ1年後の姿を見通した長期の目標を設定する。障害の状態や発達段階を考慮しつつ、子ども・保護者のニーズに合った目標とする。
子どもの姿	現在の子どもの状態を書く。どのようなことに興味があるのか、子どもが抱える困難さは何であるのか、その困難さはどのような場面で現れるのかなどを把握し、具体的な支援の項目を検討できるようにする。

		短期目標	援助方法・配慮事項	実施評価
基本的生活習慣	食事			
	排泄		短期目標では、長期目標を受けて、より短い期間（学期ごと）に達成する目標を設定する。援助方法・配慮事項では、短期目標を達成するために保育者が行う支援の方法を書く。実施評価は、子どもの行動を評価するのではなく、保育者の支援の方法を評価する。この評価が次の指導計画に生かされる。	
	着脱	基本的生活習慣や発達などにおける各項目について、短期目標、援助方法・配慮事項・実施評価を記入していく。		
	その他			
発達	健康			
	運動	運動は、手指などの微細運動や歩行などの粗大運動の発達などについて記入する。		
	遊び			
	コミュニケーション	コミュニケーションは、言葉や他者とのやりとりなどについて記入する。		
	社会性	社会性は、ルールの理解、新しい場面への対応、感情のコントロールなど社会生活に関する内容を書く。		
家庭		家庭の状況や保護者の思いなどを記入する。また、子どもの目標を達成するために、家庭で現実的にできることを記入する。		
専門機関		医療機関・療育センターなどと話し合った内容や得られた助言などを記入する。		
特記事項		新たに観察されたことや気にかけておくべきことなどを必要に応じて記入する。		

画かによっても異なりますが、たとえば次のような項目が含まれます。

・名前や年齢、性別などの基本的な情報
・比較的長期の目標
・子どもの姿として、現在の子どもの様子や発達状態を示したもの
・基本的生活習慣や発達に関する項目ごとの指導計画
・具体的な項目は、個別の指導計画の様式によって異なるが、食事・
　排泄・衣服の着脱などの基本的生活習慣や、健康・運動・遊び・コ
　ミュニケーション・社会性などの発達の項目などがある
・これらの項目ごとに、「短期目標」「援助方法・配慮事項」「実施評価」
　（ほかにも、「ねらい」「保育士の関わり・配慮」「評価」などさまざ
　まな書き方がある）などを記入する
・家庭の状況や保護者の思いなど
・専門機関と連携した内容など

実際の様式例を図表10-5に示します。

3　記録と評価

1　記録に基づいて保育を評価することの意義

　個別の指導計画に基づいて保育を実施したあと、その結果を記録し、記録に基づいて評価をします。保育の内容を適切に記録し評価することは、次のような点で重要です。

　第1に、保育の記録は、計画した内容が適切であったのか、保育を実践してみてとまどった理由は何であったのかなど、保育そのものを振り返り、問題点を改善するうえで役立ちます。また、保育を記録し評価することで、その場その場ではわからなかったような子どもの心情などに気づくことができ、それが保育の改善につながる場合もあります。

　第2に、保育を記録しておくことで、子どもとの関わりについての重要なエピソードをあとで思い出すことができます。子どもと関わったエピソードは、その日からしばらくは覚えていますが、日々の保育のなかで徐々に忘れてしまいます。記録というきっかけがあれば、それをもとに自分自身の保育や子どもの様子を思い出すことができます。

　第3に、記録は、職員間の情報共有にも役立ちます。たとえば、障害のある子どもの様子について、担任保育者の視点のみでは客観的な判断が難しい場合があります。そのときにほかの職員の意見を得ることができれば、客観的で適切な判断をしやすくなります。しかし、子どもの様子について記憶だけを頼りに口頭で説明していたのでは、ほかの職員がその場面をイメージするのは困難となります。適切な記録があれば、ほかの職員が具体的に状況をイメージし、客観的に助言することが可能になります。

2　記録・評価のポイント

保育を記録するとき、どのような点に気をつけたらよいでしょうか。前述したように、記録は、保育を振り返ったり、ほかの職員にみてもらったりする際に重要な資料となります。このとき、実際に起きた事実と保育者の感想をまぜて書いてしまうと、記録を読んだ人がその感想に左右されてしまうことがあります。したがって、実際に起きた事実と保育者の考えは分けて書くほうがよいでしょう。

保育を評価する場合は、記録した内容をもとに、どの部分がよくてどの部分を改善しなければならないかについて考察します。その際、指導計画の内容をもとに、実際の保育がどのような結果であったかを明確にすることが大切です。たとえば、障害のある子どもへの声かけのしかたについて計画を立てていれば、そのとおりに実践してみた結果、どのような声かけの場合にどのような反応があったのかなどを評価するとよいでしょう。また、その日の保育でうまくいかなかった場合には、どのようにしたらよいのか改善案を提案することも重要です。

このように、記録・評価に基づいて計画を見直すことが重要です。うまくいった点はその後も継続することになるし、そうでない点については改善案を計画に盛り込んでいくことになります。このようなPDCAサイクルを繰り返すことで、よりよい保育になっていきます。

3　記録・評価による計画の改善例

PDCAサイクルに基づいて指導計画を見直すことは、よりよい保育を展開するために大切です。記録・評価による計画の改善例を次に示します。

【ソウジくんの登園時】

〈計画〉
- 予想される子どもの活動：ソウジくんは登園後、持ち物を整理したり、手洗いやうがいをなかなかしようとしない。
- 保育者の配慮事項：登園後に何をするのかをソウジくんに伝える。

〈実践した結果の記録・評価〉
- 事実：保育者が「かばんをロッカーにしまって、手洗いとうがいをしようね」と言ったが、ソウジくんはすぐに動こうとしなかった。保育者が場所を指差ししながら、一つひとつ伝えた場合には、自分ですることができた。
- 考察：一度に複数のことを伝えると、何をしたらよいかわからなくなるようだ。ソウジくんに対しては、できるだけ一つひとつ順番に伝えたほうがよいと感じた。

〈計画の改善案〉
- 予想される子どもの活動：ソウジくんは登園後、持ち物を整理したり、手洗いやうがいをなかなかしようとしない。
- 保育者の配慮事項：登園後にすることを、一つひとつ順番にソウジくんに伝える。必要に応じて、指差しなどを使って伝える。

【ソウジくんの絵本の読み聞かせ場面】

〈計画〉
・予想される子どもの活動：ソウジくんは集中できる時間が短いため、読み聞かせの時間が長いと落ち着きがなくなってくる。
・保育者の配慮事項：ソウジくんが絵本に集中できているうちに、がんばっている様子をほめるような声かけをする。

〈実践した結果の記録・評価〉
・事実：できるだけソウジくんをほめようと試みたが、他児の反応にこたえているうちに疎かになってしまった。読み聞かせの後半のほうではソウジくんの集中力が途切れ、落ち着きがなくなってしまった。
・考察：ソウジくんの目標として、長い時間集中することよりも、まずは短い時間であっても最後まで集中していられることで達成感を得られるようにすることが大事だと感じた。

〈計画の改善案〉
・予想される子どもの活動：ソウジくんは集中できる時間が短いため、読み聞かせの時間が長いと落ち着きがなくなってくる。
・保育者の配慮事項：ソウジくんが興味をもつことができ、短時間で終えられる題材を使用する。ソウジくんが絵本に集中しているときや、最後まで聞いていたときに、がんばっている様子をほめるような声かけをする。

　これらは、当初の計画にあった「保育者の配慮事項」を、実際の記録・評価に基づいて「計画の改善案」に示すとおりに改善したものです。登園時の場面では、保育者は、ソウジくんに対し複数の指示を出していましたが、一つひとつ順を追って伝えるように改善しています。また、絵本の読み聞かせの場面では、保育者は、ソウジくんの集中力を意識して指導計画を立てていますが、保育を実践した結果、ソウジくんに対する目標を見直すというかたちで保育を改善しています。

　このような改善を繰り返しながら、障害のある子どもそれぞれに合った適切な保育を展開していくことが大切です。

 4　職員間の連携・協働

1　ケースカンファレンス

　保育を計画し、実践しても、その保育が適切なものであるかどうかについては誰もが悩むものです。特に、障害のある子どもの場合、一つのことを身につけるのに多くの回数と時間を必要とすることがよくあるので、保育者自身がそのやり方でよいのかどうか迷うことが多くなります。そのた

め、ほかの保育者や先輩保育者から意見を聞き、自身の保育を客観的に見つめ直す機会を得ることが大切です。保育に関して職員同士が話し合いをしたり、問題解決の糸口を検討することをケースカンファレンス（あるいは事例検討会、保育カンファレンス）といいます。ケースカンファレンスは、対象の子どもの担当保育者を含め、指導や支援に関わっているものが参加する場合もあれば、園内の職員全員が参加する場合もあります。また、必要に応じて、医療・福祉・教育機関などの外部の専門家を交えて行う場合もあります。

2　ケースカンファレンスの意義

ケースカンファレンスには、主に 2 つの意義があります。

① 保育における課題を客観的にとらえることができる

複数の保育者が集まって一つの問題について検討することにより、保育における課題を客観的にとらえることができます。また、担当保育者が意識していなかったこと（たとえば、その子どものよいところ、保育者が気づかなかったその子どもの課題など）に目を向けることができます。その際、できるだけ具体的な場面をお互いに認識できるよう、個別の指導計画やその記録などを参考にします。

② 職員間の情報共有ができる

障害のある子どもの発達を促すためには、周囲の大人が子どもに対して一貫した対応がとれるようにすることが大切です。また、保護者や外部の専門家から聞いた話を職員全体が理解し、適切な対応をすることも重要です。そのためには、職員間の情報共有が不可欠です。ケースカンファレンスは、職員間の情報共有をする場でもあります。

おさらいテスト //

❶ [　　　　　　] は教育の視点から長期間を見通した計画である。
❷ [　　　　　　] は園や学校ごとに作成される具体的な計画である。
❸ 障害児等に関する職員同士の話し合いを [　　　　　　] という。

//

10 コマ目

指導計画および個別の支援計画の作成、職員間の連携・協働

個別の指導計画を作成しよう

次の事例をもとに、個別の指導計画の一部を作成してみましょう。

| 事例 | 気持ちのコントロールが難しい子ども |

5歳の男児。診断はされておらず健康上の問題はありませんが、危険を予測することが難しく、道路に飛び出すことがあります。偏食は特にありませんが、手指に力が入りにくいため、スプーンを使っておかずを口に運ぶまでに落としてしまうことが多いです。着替えをする場合も、靴下を脱ぐなど、手に力を入れなければならないときはなかなか脱ぐことができないため、着替えを自分でするのを嫌がります。排泄は、昼間は自立していますがときどき夜尿があるため、寝るときはおむつをしています。歯磨きが嫌いで強く拒否をします。複数の意味を含んだ言葉を理解することや聞いて理解すること、ルールを理解することが難しく、園では、勝敗のある遊びで負けた理由が理解できず混乱することがよくあります。友だち同士が遊んでいるところを眺めたりしますが、その遊びについていけず、結局一人で遊ぶことも多くあります。気持ちのコントロールが難しく、食事や着替え、遊びなどがうまくできないときに怒ったり泣いたりして、気持ちが落ち着くまでに時間がかかります。

保護者は「友だちと仲よく遊んでほしい」「気持ちのコントロールができるようになってほしい」「おむつがとれてほしい」と願っています。

療育機関では、遊びをとおして友だちへの興味を育んだり、そのなかでのルールの必要性や気持ちをコントロールすることの大切さに気づけるように支援しています。また、手指の操作をともなう活動を取り入れています。

図表10-6　指導計画の作成の様式

〈様式〉

目標	
子どもの姿	

		短期目標	援助方法・配慮事項
基本的生活習慣	食事		
	排泄		
	着脱		
	その他		
発達	健康		
	運動		
	遊び		
	コミュニケーション		
	社会性		

※解答例は 202-203 頁を参照。

ディスカッション

- -

　演習課題「個別の指導計画を作成しよう」（128-129頁）で作成した内容をグループで
共有しましょう。なお、話し合いをする際は、以下の点に配慮しましょう。
・メンバー全員が自分の考えを話す機会をもつ
・お互いの話を肯定的に受け止める

演習課題

職員間で共有する情報を考えよう

　ケースカンファレンスで、クラスの子どもへの対応に関して職員間でどのような情報を共有したらよいか考えてみましょう。その際、次の例のように、個別の指導計画で記載される項目を意識しましょう。

共有する情報の例

・「着脱」では、どこまで自分でできるのか、どこから支援が必要か。

・「健康」では、アレルギーはあるのか、使用している薬はあるのか。

・「社会性」では、どのように伝えたら決まりごとを守れるか。

第3章

家庭および自治体・関係機関との連携

この章では、家庭や自治体、関係機関との連携について学びます。
家庭と連携するために保護者をどう支援するのか、
連携する機関にどのようなものがあるか、小学校等にどのように
つなげていくのかについて理解しましょう。

保護者や家族に対する理解と支援、保護者間の交流や支え合い

今日のポイント

1. 保護者連携の第一歩は、保護者との信頼関係づくりにある。
2. 障害児の保護者の障害受容過程はさまざまである。
3. 障害児の保護者との連携は、園全体で関与する。

1 保育所保育指針における保護者支援

　障害のある子どもの保護者との連携はどのように進めたらよいでしょうか。ここでは、障害のある子どもの保護者支援の基礎、保護者理解、連携の方法などを学びます。

　保育所を利用する保護者への支援について、「保育所保育指針」では、次のように定めています。

「保育所保育指針」第4章1(1)「保育所の特性を生かした子育て支援」

ア　保護者に対する子育て支援を行う際には、各地域や家庭の実態等を踏まえるとともに、保護者の気持ちを受け止め、相互の信頼関係を基本に、保護者の自己決定を尊重すること。

イ　保育及び子育てに関する知識や技術など、保育士等の専門性や、子どもが常に存在する環境など、保育所の特性を生かし、保護者が子どもの成長に気付き子育ての喜びを感じられるように努めること。

　また、障害児や発達に課題のある子どもの保護者支援に関する内容については、次のように定められています。

「保育所保育指針」第4章2(2)「保護者の状況に配慮した個別の支援」

イ　子どもに障害や発達上の課題が見られる場合には、市町村や関係機関と連携及び協力を図りつつ、保護者に対する個別の支援を行うよう努めること。

　障害のある子どもの理解と援助においては、保護者とともに、「子どもの育ち」を支えるという視点をもって保護者との相互理解を深めることが大切です。障害児や特別な配慮の必要性がある子どもについては、保育所の特性を生かして保護者の状況に配慮した個別の支援を行います。

2 子どもの障害についての親の障害受容

1 障害受容とは

　障害受容とは、障害を受け入れることです。障害受容には、障害者本人の障害受容、障害のある子どもの親の障害受容やきょうだいの障害受容などがあります。障害のある子どもの親の障害受容とは、障害のある子どもの親がさまざまな過程をたどって、子どもの障害を受け入れることです。

2 障害受容モデル

　障害児の親の障害受容の過程については、複数のモデルがあります。
　よく取り上げられるモデルに、段階的モデル*、慢性悲哀モデル*、螺旋形モデルがあります。ここでは、段階的モデルと慢性悲哀モデルの障害の受容の過程の違いを統合した螺旋形モデルを紹介します。
　下のイラストのような、表は明るい色で裏は暗い色のリボンを想像してみてください。そのリボンの先をつまんで上に引っぱってみたとしましょう。皆さんには、螺旋状に伸びるリボンの明るい色と暗い色が交互に見えることでしょう。リボンの色は、障害のある子どもの親の気持ちを表しています。明るい色は子どもの障害を認める気持ち、暗い色は障害を否定する気持ちです。今度は、リボンを伸ばしたり縮めたりしてみてください。すると、色の現れ方が変わるでしょう。このように、親の気持ちの現れ方も状況によって異なるというのです。
　この螺旋形モデルでは、親の内面には相反する感情が常に存在し、表面的にはこの 2 つの感情が交互に現れ、落胆と適応の時期を繰り返しながら、否定から肯定へと連続して障害を認め受け入れようとする過程と考えます（図表11-1）。

💬 **プラスワン**

障害受容のモデル

障害児の親の障害受容のなかで、よく取り上げられるモデルとして、①段階的モデル、②慢性的悲哀モデル、③螺旋形モデルなどがある。

✏️ **重要語句**

段階的モデルと慢性悲哀モデル

→子どもの障害についての親の障害の受容には、段階的に進み障害受容に至るという段階的モデルがある（図表11-1）。一方、慢性的悲哀モデルとは、障害告知による悲哀（=悲しみに沈むこと）を経験した親が、落胆と回復の過程を繰り返し、慢性的悲哀の周期的回復を繰り返すというもの。

11 コマ目

保護者や家族に対する理解と支援、保護者間の交流や支え合い

図表11-1　障害受容モデル

段階的モデルにおける先天的奇形の
子どもの親の障害受容

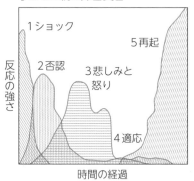

出典：Drotar et al., 1975

螺旋形モデルにおける障害の
受容の過程

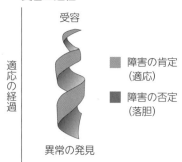

出典：中田洋二郎「親の障害の認識と受容に関
する考察——受容の段階説と慢性的悲
哀」『早稲田心理学年報』27、1995年を
もとに作成

3　障害受容と保護者理解

　親の障害受容の道筋は、子どもの障害の種類や程度によっても違います
し、障害の発見時期によっても違いがあります。またそれは、障害の告知
と同時に始まるとも限りません。

　このように親の障害受容は多様であるけれども、共通して言えることは、
親の子どもの障害についての慢性的な悲しみや葛藤する気持ちはけっして
異常な反応ではなく、親として正常な反応であるということです。保育者
は、このような保護者の気持ちにけっして急がせることなく寄り添ってい
くことが大切です。

3　保護者との連携の実際

1　保護者と連携する機会

　保護者支援や連携をする機会には、日常的には、登園時・降園時のあい
さつの際や日々の連絡帳の交換などがあります（図表11-2）。保育者はこ
れらの機会を活用して、特別な支援が必要な子どもの保護者と連携します。

　送迎時は、直接保護者と話すことのできる大切な機会です。保育者は、
子どもの保育中の様子や家庭での様子を保護者と共有します。日々保護者
と顔を合わせることで、保育者は保護者の言葉や表情の変化から家庭支援
の必要性にも気づきやすくなります。

　連絡帳は、保護者と信頼関係を築いていくうえで役に立つ手段です。保
育所によっては、幼児期になると連絡帳の交換がなくなる場合もあります。
障害のある子どもを預かる場合には、幼児期になっても連絡帳の交換をし
て、日々の子どもの姿や保育所での対応、家庭での様子などを共有すると
よいでしょう。

プラスワン

連絡帳としてのICT
（情報通信技術）の
活用

近年連絡帳の代わり
に、ICTを活用した保
護者への連絡手段を
採用する保育所もあ
る。スマートフォンや
タブレットを活用して
やり取りを行う。

図表11-2　保護者と関わる機会

日常的なやりとり	非日常的なやりとり
送迎時のあいさつ	子どものけが・病気
話しかけ	保育参観
連絡帳	行事
おたより	災害時

2　保護者を知る

　障害児やその可能性のある子どもの保護者と連携する場合には、保護者の家庭での状況や、保護者が子どもをどのようにとらえているかを理解しようとする気持ちが大切です。

① 子育ての大変さを抱える保護者

　基本的生活習慣が身につきにくかったり、行動に問題がある子どもの場合、日々の子育ては大変です。また常に介護が必要な子どももいるでしょう。保護者の感じる悩みは子どもへの対応に関することかもしれませんし、家族を含む周囲の人からの無理解に関することかもしれません（図表11-3）。障害児やその可能性のある子どもの保護者と連携する場合には、保護者の家庭での状況も理解したうえで、温かな対応をします。

② 支援の必要性に気づいていない保護者

　保育の場で困っている子どもの問題が、家庭生活では目立たないため保護者が気づいていなかったり、気づいていても問題と感じていなかったりすることもあります。

　保育者は、保護者との日々の会話のなかで、子どもを保護者がどのようにとらえているのかを、把握しておく必要があります。その際、保護者を指導するような態度は禁物で、子どもについて一緒に考えていこうとする協働的な関わりが大切です。

図表11-3　障害児の保護者が抱える悩み

- 子どもの障害についての悩み
- 子どもへの対応の悩み
- 障害受容
- 家族の無理解、考え方の違い
- きょうだいの子育て
- 将来の不安
- 経済的不安
- 支援が得にくい、少ない
- 周囲の人の障害理解が不十分
  など

プラスワン

障害児の育ち

障害児の成長は、障害のない子どもに比べると少しずつ進むことが多い。保育者は、日々の小さな成長や変化をとらえ、大きな喜びをもって保護者に伝えたい。

11 コマ目

保護者や家族に対する理解と支援、保護者間の交流や支え合い

3 保護者との連携の進め方

① 連携の前提～信頼関係

　保護者にはいろいろなタイプの人がいます。たとえば、保育者にとって、話しやすく、子どものことをよく理解している親、話しやすいけれども、子どもをあまり理解していない親、話しにくかったり対応が難しかったりする親などさまざまです。また、たとえ同じタイプの保護者でも、子どもの年齢によって関わり方が違ってくるでしょう。

　これらすべての保護者への対応に共通するのは、まずは保護者との間に信頼関係を築くということです。信頼関係は、日常的な関わりや情報共有の積み重ねによって築くことができます。たとえば、日々の温かい言葉かけや日々の生活のなかでの子どもの小さな成長や変化なども、ていねいに連絡帳や口頭で伝えるなどです。伝える際には、必ず前向きな展望をもって事実を共有することが大切です（図表11-4）。

図表11-4　連絡帳のやりとり

○　苦手なスープでしたがお友だちが飲む姿に興味をもったので、そっと促したら、半分も飲めました！「飲めたね、おいしいね」とほめたら、本人もニコニコでした。おうちでもほめてあげてくださいね。

×　今日は苦手なスープでした。お友だちが飲む姿に興味をもったので、促しましたが、結局半分しか飲まず、最後まで飲めませんでした。
最後まで食べられるといいですね。

② 療育を利用する障害児の保護者との連携

　療育を利用する障害児の保護者との連携は、利用する療育機関や医療機関との連携も含めて行います。

　図表11-5の事項のほか、疾患により体調が急変する可能性のある子どもの場合は、保護者と密に連絡をとり合いながら緊急時の対応に備えます。また、管理職への報告に加え、何らかの障害児保育制度を利用している場

図表11-5　療育利用児の保護者との連携の実際

・園と家庭での子どもの様子や健康状態を共有する
・保護者から療育の情報を得て、保育に生かす
・保育の様子を療育担当に伝えてもらう
・保育のなかで気づいた点や気になった点について話し合う
・個別の支援計画や指導計画（→10コマ目を参照）に関する連携を行う
・行事の参加における特別な配慮に関する確認をする

プラスワン

緊急対応シート
てんかん発作のある子どもや、心疾患によるチアノーゼ発作がある子どもたちの保育では、保護者と医療機関から情報を得る。体調急変時に適切に対応するための対応マニュアルを職員室とクラスに、いつでも見ることができるように用意する。

図表11-6　子どもの支援の必要性に気づいていない保護者への関わり方

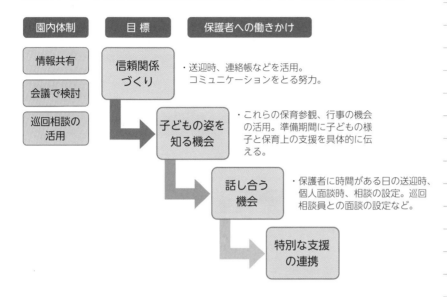

合には、補助の保育者（加配保育者）とも支援に関する情報を共有して、子どもへの一貫した関わりができるように配慮します。

③ 子どもの支援の必要性に気づかない保護者との連携

　障害の診断はないものの、保育上特別な支援が必要な子どもがいます。このような子どもの場合、保護者と連携して、早期から支援を行うことが大切です。しかし、保護者のなかには、集団場面で子どもが困っていることに気づいていない場合や、気づいていても特別な支援の必要性を感じていない場合があります。

　このような保護者と良好な関係を築き、連携するにはどうしたらよいのでしょうか。子どもの気になる行動が目立つ場合には、子どもの状態を把握して、子どもに合った支援をすることが重要だといわれます。だからといって保育者は、保護者に、子どもの問題に早く気づかせようと焦らないことが大切です。保護者への関わりのポイントは段階的に行うということです（図表11-6）。

　図表11-6のように、保護者との関係は信頼関係づくりにはじまり、集団場面での子どもの姿を知る機会の提供、保護者の話にじっくりと耳を傾けて話し合う機会の設定へと進みます。これらのステップを経て、特別な支援の必要性についててていねいに伝えていくことが大切です。

　なかには打ち解けにくかったり、無理な要求ばかりする保護者もいるかもしれません。そのような場合には、担任の保育者一人で抱え込まず、園長をはじめとする管理職や先輩保育者に相談しながら、保護者支援を進めることが大切です。

4　保育上で気になる点や発達の課題を伝える

　保護者に、子どもの気になる点や発達の課題を伝えるときには、保育の

プラスワン

保護者との連携

保護者との関係性は、保護者に子育てを指導することでもなく、保護者の要求に言いなりになることでもない。子どもを中心に、互いに対等の立場で協力しながら、将来に向かって進むことが大切である。

気づきと支援の開始

保育所では、特別な支援の必要性を早い段階で気づくことが多い。しかし保護者との共通理解に時間がかかったり、就学までに共通理解に至らないケースもある。

ペアレントトレーニング（親訓練）

家庭養育の専門的プログラムの一つ。発達障害児の行動問題を理解し、行動問題を減らし適切な行動を増やすための、子育てスキルを習得する訓練である。

地域資源の活用

保護者支援には、フォーマル、インフォーマルな地域資源の活用も大切である。保育所の掲示板やおたよりに、地域資源の紹介をするなどの工夫も保護者支援の一つとなる。

11 コマ目　保護者や家族に対する理解と支援、保護者間の交流や支え合い

図表11-7　気になる点は状況と対応もセットで伝える

・保育の状況……場面、きっかけ
・子どもの気になる姿……具体的な行動 (何を、どのように、どれくらいした)
・直後の状況……子どもの様子と保育者の対応
・これまでの経過

自由遊びでAちゃんがブロックを使いたいときに【←保育の状況】、ブロックで遊ぶ友だちを強く押してしまいました。【←子どもの気になる姿】
Aちゃんはブロックを取り、けんかになりました。【←直後の状況：子どもの様子】そこで、保育者は子どもたちの話を聞き、Aちゃんに友だちを押すのではなく、「かして」と言うように教えました。【←直後の状況：保育者の対応】
Aちゃんは困ったときに友だちをたたいたり、押したりするので、言葉で伝えるように教えていますが、まだ言葉で伝えるのは難しいようです。【←これまでの経過】

状況、行動、対応をセットにして具体的に伝えます（図表11-7）。たとえば、「乱暴」「落ち着かない」など断片的で具体性に欠ける伝え方をすると、保育の集団場面を見ていない保護者にはイメージがしにくいので、理解が難しくなります。

　保護者に対して伝えるタイミングについては、日々の保護者との関わりのなかで気になることがあったら早めに一つひとつの状況をていねいに伝えていくとよいでしょう。長い間子どもの気になる点を伝えずにいて、保育者が対応しきれないほど困ったときになってから、気になる点を一度にいくつも伝えるということは避けましょう。

　伝える際には保護者の話にも耳を傾け、子どもがよい方向に育つよう、保護者と一緒に考えようとする態度が大切です。保護者は、自分の子どもが保育のなかでていねいに支援を受けていることに実感がわいてくると、家庭での様子や疑問に思ったこと、これまでの子育ての苦労などを少しずつ保育者に話してくれるようになります。

4　保護者間の交流や支え合い

1　障害児の保護者間の交流

① 親の会

　障害や病気のある子どもの保護者を主な構成員として組織された団体に、障害児の親の会があります。親の会では、保護者が定期的に集まり、相互交流や情報交換をしています（図表11-8）。保護者は、同じ障害のある子どもの親としての悩みを分かち合って励まし合ったり、子育て情報の共有をしたりできます。さらに、学齢期や成人した障害児・者の家族の経験を聞くことで、将来の見通しをもつこともできます。

　そのほか、専門家による勉強会を開いて子どもの障害への理解を深めたりし、きょうだいを対象としたキャンプなどの催しを行う親の会もあります。なかには、障害に関する知識の普及啓発、調査研究などを行う大きな組織もあります。

図表11-8　親の会の活動例

- ・定例会（バーベキュー、夕涼み会、クリスマス会）
- ・赤ちゃん体操
- ・講演会の開催
- ・ママの会、パパの会
- ・乳幼児親子の会
- ・ママサークル（ヨガなど）
- ・相談

② 発達支援を行う機関での交流

　児童発達支援センター、保健センター主催の親子教室、医療機関、特別支援学校幼稚部など、発達支援や治療をする機関が主催する活動に参加する保護者間の交流も大切です。これらをとおして、保護者は悩みを分かち合ったり、障害児への関わり方や便利な情報を共有したりすることができます。また、このような場は、保護者の孤立を予防する機能も担っています。

　児童発達支援センターや親子教室では、地域の保護者同士が交流し支え合うための機会を促しています。母親だけでなく、父親も参加しやすい行事や講座を設けています。

　医療機関のなかには、同じ染色体異常によって起きる発達・成長の障害で生まれた子どもの保護者を対象に、赤ちゃん体操教室や子育て教室などを開き、保護者同士の交流の場を提供する病院もあります。特別支援学校幼稚部では、教育相談として保護者相談や就園前児を対象とした親子教室を開いています。

プラスワン

発達支援に関する国の動き

「家庭と教育と福祉の連携『トライアングル』プロジェクト——障害のある子と家族をもっと元気に」。就学前からの家庭と教育と福祉のより一層の連携を推進するための方策が提示された（2018年）。

11 コマ目

保護者や家族に対する理解と支援、保護者間の交流や支え合い

2 保育所の保護者間の交流や支え合い

　障害児の保護者と保育所を利用するほかの子どもの保護者との交流や支え合いも重要です。交流の機会は、次のような場面があります。

- ・送迎時
- ・保育参観
- ・行事
- ・父母の会 (保護者の自主的活動)
- ・保護者のサークル

　毎日のあいさつやちょっとした会話をとおした交流、保護者の自主的活動でのバザーや行事の係を通して、障害児の保護者は親という共通の視点で保育所を利用する保護者と子育てを支え合うことができます。保育者は、このような保護者間の関係を促し、支えることが大切です。子どもに障害があってもなくても、地域の保護者が関わり合い支え合うことは、共生社会の実現につながるといえるでしょう。

> **事例**　**障害のある子を預かってみてわかったこと**
>
> 　ある母親が、幼稚園で仲よくなった母親たちと互いの子どもを預け合うことになり、そのなかに障害のある子どもがいました。この母親は、障害のある子どもを預かってみてはじめてこの子の母親の気持ちがわかったといいます。障害児の世話はとても大変だったけれど、同時にその子どもなりのよさに気づくことができ、愛おしいと思ったというのです。そして、これまで自分が障害児をかわいそうな存在だと思っていたこと、障害児の親に対して自分にできることはあまりないと思い込んでいたことに気づきました。そして、これまで自分は、この障害児と母親をわかっているつもりで付き合っていたけれど、実は何もわかっていなかったのだと実感したそうです。それを聞いたその障害児の母親は、心を通わせられるママ友ができたと大変喜んだといいます。その後もこの母親同士の付き合いは続いているそうです。

おさらいテスト

❶ 保護者連携の第一歩は、保護者との [　　　　] づくりにある。
❷ 障害児の保護者の [　　　　] はさまざまである。
❸ 障害児の保護者との連携は、[　　　　] で関与する。

演習課題

ロールプレイしてみよう

担任保育者役、母親役になって次の 2 つの事例をロールプレイしてみましょう。

・2 人ペアの場合：それぞれ担任保育者役、母親役になってロールプレイし、お互いが感じたことやよい点と改善点などをディスカッションする。

・3 人以上の場合：担任保育者役と母親役がロールプレイし、もう 1 人は見学者としてメモを取る。ロールプレイ後、お互いに感じたことやよい点と改善点をディスカッションする。

①軽度の知的障害のある 4 歳児（年中女児）の母親からの相談。

> 両親ともフルタイムの仕事をしていて、0 歳児から保育所に通っている。最近子どもが軽度の知的障害と診断され、月 2 回療育を受けることになった。子どもが身のまわりのこと（着替え、給食、手洗い、排泄、片づけ）、他児との関わり、集まりが年齢相応にできないため、とても悩んでいる。保育所での特別な支援について相談がある。

②行動に困難さ（乱暴、多動）がある発達障害児（5 歳男児）の母親からの相談。

> 子どもは集団行動が苦手で、並んだり、待ったりすることがうまくできない。運動会の練習への参加も嫌がっている。しかし、母親としては、皆と同じように子どもを運動会に参加させたくて悩んでいる。どうしたらよいか相談したい。
> 5 歳児の参加演目は、開会式、閉会式、かけっこ、ダンス、全員での体操、大玉ころがしである。

11 コマ目　保護者や家族に対する理解と支援、保護者間の交流や支え合い

ディスカッション

　親の障害受容について考えてみましょう。保育者として親の障害受容をどのように考えたらよいでしょうか。話し合いのポイントは以下のとおりです。

・親の障害受容ができている、親の障害受容ができていないとはどういうことか。
・子どもの障害について親が障害を受容していない場合、それはなぜだろうか。
・子どもの障害や気になる点について親の理解が得られない場合、自分ならどのように接していくか。

---

①各自で考えをまとめましょう。

②グループに分かれて、ディスカッションしてみましょう。

演習課題

人の気持ちに寄り添うとはどういうことか考えよう

　自分のこれまでの経験のなかで、寄り添って（寄り添う＝相手の気持ちに共感して心を寄せること）もらえたと感じた経験を共有しましょう。

①それはどのような場面でしょうか。

【例】
・子どもの頃、親に叱られたときにおばあちゃんが慰めてくれたこと。
・中学校の部活で、技を習得できなくて悩んでいるときに友だちが相談に乗ってくれたこと。
・苦労してつくった作品を先生が褒めてくれたとき。

②そのときの相手の表情や話し方（口調、リズムなど）はどのような感じだったでしょうか。

③そのときどのように感じましたか。

④①～③をグループで共有して、人の気持ちに寄り添うとはどういうことか話し合いましょう。

演習課題

保護者支援への理解を深めよう

- -

演習テーマ 1 調べてみよう

以下について、インターネットを使って調べてみましょう。

①障害児の親の会について調べてみましょう。

[

]

②ペアレントトレーニングについて調べてみましょう。

[

]

③障害児の父親や祖父母、きょうだいを対象とした家族支援について調べてみましょう。

[

]

演習テーマ 2 ディスカッション

子どもの気になる点や発達の課題を保護者に伝えるとき、保育の状況、行動、対応をセットにして伝えると、どのようなメリットがあるのか考えてみましょう。

ヒント　138-140 頁を参考に考えましょう。

①保育の状況を伝えることのメリット。

[

]

②子どもの気になる行動そのものを伝えるメリット。

[

]

③保育者の対応を伝えるメリット。

[

]

④①～③を一緒に伝えるメリット。

[

]

演習課題

障害を主体的にとらえるとは何かを考えよう

142頁の事例を読んで考えましょう。

①なぜ障害児の保護者は喜んだのでしょうか。

②障害のある子どもの保護者と障害のない子どもの保護者との理解を深める工夫を考えましょう。

障害児支援の制度の理解と地域における自治体や関係機関の連携・協働

1 障害児支援制度の理解

1 障害児の日中活動の場

　障害のある乳幼児は、日中どのような場所で過ごすのでしょうか。障害児の日中活動の場の一つに児童発達支援センターがあります。児童発達支援センターでは、保育士による保育のほか、発達を促すための各種専門職が障害児への支援を行っています。このコマでは、障害児支援の制度と各種関連機関の役割について学びます。

2 障害児支援の制度

　障害の早期発見とそれに続く早期からの発達支援は、子どもの発達を促し、良好な親子関係を育むうえで重要です。医療機関や乳幼児健康診査等において障害が発見されると、発達を支援するための福祉サービスを利用できます。

　障害児を対象とした福祉サービスには、通所による児童発達支援、自宅や保育所等への訪問支援、障害児施設への入所支援、相談支援などがあります（図表12-1）。

3 障害児が利用できる福祉制度

　障害のある乳幼児が利用できる制度として、障害者手帳、育成医療、補装具費支給制度、特別児童扶養手当などがあります。

① 障害者手帳

　障害者手帳は障害の種類や程度の証明書として、福祉サービスを受ける際に利用できます。種類として身体障害者手帳、療育手帳、精神障害者福祉手帳があります。身体障害児は身体障害者手帳、知的障害児は療育手帳、発達障害児は療育手帳または精神障害者福祉手帳が、申請により都道府県

図表 12-1　障害のある乳幼児を対象とした福祉サービス

形態	支援の名称	内容
通所	児童発達支援	日常生活における基本的な動作の指導、知識技能の付与、集団生活への適応訓練などの支援を行う。
	医療型児童発達支援	上肢、下肢または体幹の機能に障害のある児童に対する児童発達支援および治療を行う。
訪問	居宅訪問型児童発達支援	重度の障害等により外出が著しく困難な障害児の居宅を訪問して発達支援を行う。
	保育所等訪問支援	保育所、乳児院・児童養護施設等を訪問し、障害児に対して、障害児以外の児童との集団生活への適応のための専門的な支援などを行う。
入所	福祉型障害児入所施設	施設に入所している障害児に対して、保護、日常生活の指導および知識技能の付与を行う。
	医療型障害児入所施設	施設に入所している障害児に対して、保護、日常生活の指導および知識技能の付与および治療を行う。
相談支援	計画相談支援 障害児相談支援	障害児通所支援の支給申請に際して、「障害児支援利用計画案」「障害児支援利用計画」を作成する。通所支援開始後、一定期間ごとにモニタリングを行う。

から交付されます。

② 自立支援医療：育成医療

　育成医療とは、障害児の医療費の助成制度です。日常生活に差し支えのある障害があるか、放置すると将来身体に障害を残す恐れのある疾患に対し、確実な治療効果が期待できる場合に必要な医療費の支給を行います。

③ 補装具費支給制度

　補装具の購入費や修理費用の助成制度です。補装具とは、障害児・者が日常生活において必要な移動や動作などを確保するために、身体の欠損または損なわれた身体機能を補完・代替する用具です（➡ 3 コマ目を参照）。具体的には、義肢、装具、車いす、座位保持いすなどを指し、市町村へ購入費や修理費用を申請します。

④ 経済的援助

　障害の程度により経済的援助（手当）を受けられます。重度の障害児の保護者を対象とした特別児童扶養手当や、障害児を支給対象とした障害児福祉手当があります。そのほか各自治体で独自の手当を支給している場合もあります。

2 障害児支援に関連する各種機関の役割

1 保健所・保健センター

① 保健所

保健所は、保健・衛生・生活環境などさまざまな分野の広域的・専門的なサービスを行う機関です。保健所は在宅重症心身障害児（者）等訪問事業の相談窓口となっているほか、長期的に医療的ケアが必要な子ども（医療的ケア児）＊やその家族に対して、電話相談・面接相談・訪問相談などを行います。

② 保健センター

保健センターは、住民に身近な保健サービスを行います。それは、保健師による家庭訪問、乳幼児健康診査（乳児健診、1歳6か月健診、3歳児健診）などです。乳幼児健康診査には障害を早期に発見する役割があります（図表12-2）。

乳幼児健康診査の結果、発達支援が必要と判断された場合、保健師は、保護者に対して早期支援に向けた働きかけを行います。障害の可能性がある場合には児童発達支援センターや医療機関などの専門機関を紹介し、早期からの療育につなげます。経過観察が必要な子どもの場合には、親子発達教室などの健診事後教室を紹介します。ここでは、集団の遊びをとおした発達支援と療育専門職による相談・支援を行っています。この親子教室は、保護者同士の交流の場でもあります。

障害の早期発見のためのスクリーニングテストには、遠城寺式乳幼児分析的発達検査、改訂日本版デンバー式発達スクリーニング検査（JDDST-R）、M-CHAT、PARSなどがあります。

2 児童発達支援センター

① 児童発達支援

障害児通所支援としては児童発達支援センターがあります。児童発達支援センターでは、特別な支援が必要な未就学の子どもを対象に、通園（通

図表12-2　乳幼児健診における早期発見・早期支援の流れ

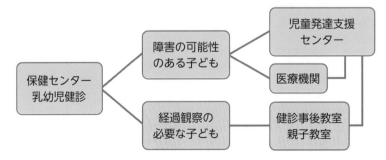

語句説明

医療的ケア児

→「医療的ケア児とは、医学の進歩を背景として、NICU等に長期入院した後、引き続き人工呼吸器や胃ろう等を使用し、たんの吸引や経管栄養などの医療的ケアが日常的に必要な障害児のこと」（出典：厚生労働省「医療的ケアが必要な障害児への支援の充実に向けて」2017年）
（➡3コマ目を参照）

プラスワン

障害の早期発見

新生児の障害の予防や早期発見のため、新生児マス・スクリーニング検査（先天性代謝異常等検査）や新生児聴覚スクリーニング検査が行われている。

プラスワン

発達スクリーニング検査

遠城寺式乳幼児分析的発達検査（適用0～4歳7か月）と改訂日本版デンバー式発達スクリーニング検査JDDST-R（適用3か月～6歳）は全般的な発達スクリーニング検査である。M-CHAT（適用18～36か月）、PARS親面接式自閉スペクトラム症評定尺度（適用3歳以上）は、自閉症スペクトラムスクリーニング尺度である。

図表12-3　児童発達支援で提供するサービス

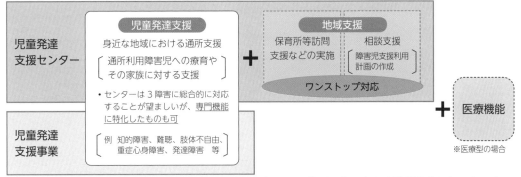

出典：厚生労働省「障害児支援について」2015年 (https://www.mhlw.go.jp/file/05-Shingikai-12601000-Seisakutoukatsukan-Sanjikanshitsu_Shakaihoshoutantou/0000096740.pdf 2021年7月29日確認)

所による療育）・外来療育・相談支援を行っています。

　療育とは、障害のある子ども一人ひとりの発達に応じた成長を促し、自立して生活できるように支援することです。そのため児童発達支援センターでは、日常生活に必要な基本的動作を指導し、知識技能を与え、集団生活への適応訓練などを行います。医療的ケアが必要な子どもの治療を含む療育は、医療型児童発達支援センターで行います（図表12-3）。

　児童発達支援センターには、嘱託医、児童指導員、保育士、栄養士、調理員、児童発達支援管理責任者、（医療型の場合は、医師、看護師）などの職種が配置されています。そのほかにも、理学療法士（PT）、作業療法士（OT）、言語聴覚士（ST）、心理士、ソーシャルワーカーなどが必要に応じて加えられ、多職種が連携して障害児への支援をしています。

② 保育所等訪問支援事業

　保育所等訪問支援事業は、児童発達支援センターの職員が保育所等を定期的に訪問し、対象の障害児や保育者に対し、障害児が集団生活に適応できるよう専門的な支援を行います。利用は、保護者が申請します。

　ほかに、保育所等に発達障害等の知識を有する専門員が訪問するサービスとして、巡回支援専門員整備事業があります。巡回支援専門員整備事業とは、保育所等のニーズに応じて相談員を派遣し、保育者へ専門的支援を行うものです。利用は保育所等が申請します。この事業の特徴は、障害児だけではなく、発達障害の可能性がある子どもも支援の対象となる点にあります（図表12-4）。

③ 相談支援

　児童通所支援を利用するためには、住んでいる地域の市区町村で児童通所サービス受給者証を取得することが必要です。相談支援では、受給者証取得に必要な障害児支援利用計画を作成し、適正なサービスの利用ができるよう支援します。

　また、各種サービスの相談や、障害児の日々の生活・社会生活に関する相談支援を行っています。

12コマ目　障害児支援の制度の理解と地域における自治体や関係機関の連携・協働

💬 **プラスワン**

保育所等訪問支援事業

保育所等に通っている3歳から小学校に入るまでの子どもを対象に、保育所等における集団生活への適応のための支援を行う事業。

児童発達支援事業所

児童発達支援の一つで、通所利用障害児への療育やその家族に対する支援を行う。

図表12-4　保育所等への訪問支援

保育所等訪問支援事業（障害児通所支援の1つ）

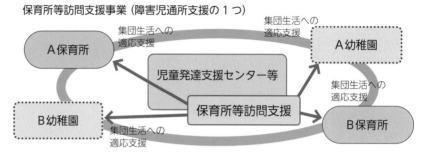

巡回支援専門員整備事業（発達障害者支援施策の1つ）

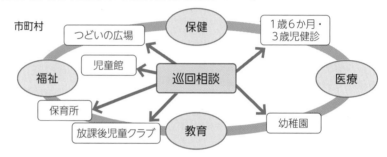

出典：厚生労働省「平成27年度発達障害者支援関係報告会資料」2015年をもとに作成

3　児童相談所

　児童相談所は、児童福祉法に基づいて設置される行政機関です。18歳未満の子どものあらゆる問題について相談に応じ、援助や指導を行います。児童相談所の主な役割は以下のとおりです。

・児童に関する問題について、家庭、その他からの相談。
・児童やその家庭についての必要な調査、ならびに医学的、心理学的、教育学的、社会学的および精神保健上の判定。
・児童やその保護者についての必要な調査、または判定に基づく指導。
・緊急の場合には児童を一時保護し、児童福祉施設入所等への措置。

4　発達障害者支援センター

　発達障害者支援法に基づく専門的機関です。発達障害児・者とその家族が豊かな地域生活を送れるように、保健、医療、福祉、教育、労働などの関係機関と連携し、地域における総合的な支援ネットワークを構築しながら、発達障害児・者とその家族からの相談に応じ、指導と助言を行います。
　発達障害者支援センターの主な役割は以下のとおりです。

①相談支援
②発達支援
③就労支援
④普及啓発・研修

3 児童発達支援センターにおける支援の実際

児童発達支援センターには、通園、外来療育、相談支援があります。ここでは、通園と外来療育について学びます。

1 通園

通園では、小集団の保育をとおして、基本的生活習慣の自立、コミュニケーション能力の向上、社会性の向上を目指します。親子で参加するクラスと、子どものみで参加する親子分離クラスがあります。子どもへの支援とともに、保護者の子育て支援や保護者同士の交流の支援も行います。

通園は、登園してから降園までのすべてが支援の対象です（図表12-5）。身辺自立も、きめ細かな指導が行われます。たとえば、食事やおやつの時間も、口腔機能を高めるための摂食指導の大切な機会となります。クラスの担当保育者のほか、必要に応じて作業療法士（OT）や言語聴覚士（ST）、栄養士などが食事場面に加わります。保護者は、子どもの発達に合った食具の使い方や食事の与え方などを直接専門職から教えてもらい、家庭でも実践できます。また認知面や言語面の発達支援に加え、小さな集団での活動をとおして社会性の基礎を育てていきます（図表12-6）。

12コマ目　障害児支援の制度の理解と地域における自治体や関係機関の連携・協働

> **プラスワン**
>
> **在宅重症心身障害児（者）等訪問事業**
>
> 家族が自信をもって子どもの在宅療育に当たれるよう、看護師が家庭を訪問し、健康管理や看護技術の指導、療育に関する相談などを行う。

図表12-5　児童発達支援センターの1日の流れ（例）

10:00	登園・支度・自由遊び	12:00	給食・歯磨き
10:30	入室、手洗い・うがい、水分摂取	13:00	自由遊び
10:50	朝の集まり	13:30	手洗い・うがい、水分摂取
11:00	グループ遊び（クラスごと）	14:00	帰りの集まり
11:30	片づけ・給食準備	14:30	降園

図表12-6　通園の様子

朝の集まり（スケジュールボードを使った予定の確認）

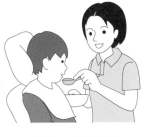

給食での摂食指導

自助具（曲がりスプーン）

外来療育では、保育所等に通いながら定期的に療育を受けます。支援には小集団療育と個別療育があります。療育の内容は、対象児の障害の程度や種類により異なります。たとえば、発達障害児を対象とした小集団療育では、社会性の発達を促すために、SST（社会スキルトレーニング）*が行われます。個別療育では、運動機能や認知機能を高める療育（図表12-7）や言語療法などが行われます。

図表12-7　療育の教材例

目と手の協応教材
（チップ差し）

感覚統合器具

療法室

3　さまざまな療法

児童発達支援センターでは、生活習慣の指導、小集団活動、遊びをとおした発達支援を行います。これらの支援のなかで、必要に応じて子どもの障害の改善・克服のためのさまざまな方法や療法（図表12-8）を取り入れています。

図表12-8　障害児の発達支援で利用される方法や療法の例

・SST（ソーシャルスキルトレーニング）
・マカトン法
・インリアルアプローチ
・感覚統合療法
・ムーブメント療法
・動作法
・芸術療法（絵画や音楽）
・箱庭療法
・遊戯療法
・TEACCH（ティーチ）プログラム
・ABA（応用行動分析）
・動物介在療法（乗馬療法など）
・スヌーズレン

4　関連諸機関の縦と横の連携

　障害児の支援では、早期からの切れ目のない支援が必要です。そのためには、障害児とその家族を支援する各種機関が互いに連携することが重要になります。また、子どもの年齢や障害の種類や程度により、利用する機関はさまざまです（図表12-9）。

　①児童発達支援センターの通園のみを利用
　②保育所等と児童発達支援センターを利用
　③児童発達支援センターと医療機関や児童相談所を利用
　④特別支援学校（幼稚部、教育相談）と児童発達支援センターを利用

　このように、複数の場を利用している場合も少なくありません。また、児童発達支援センターの利用から保育所や幼稚園に移行する子どももいます。

　子どもが利用するすべての活動の場において、子どもに適した支援を一

・ABA：応用行動分析学に基づき、子どもの適切行動の増加、問題行動の減少や消去、スキルの習得などに用いる行動変容法。

・スヌーズレン：光、音、香り、振動、温度、触覚の素材などを使った心地よい環境のなかで、障害児・者が多様な感覚を活用して自由に探索できる余暇やリラクゼーションの実践である。

12 コマ目

障害児支援の制度の理解と地域における自治体や関係機関の連携・協働

図表12-9　障害児支援における機関間連携のイメージ

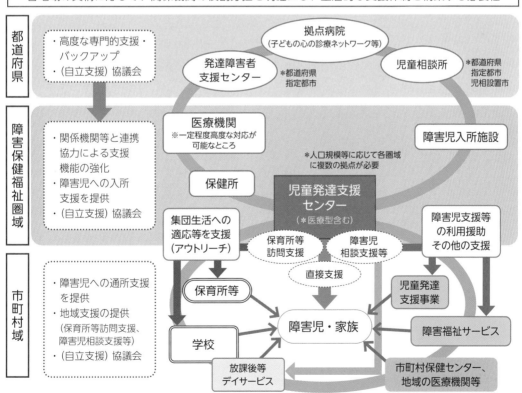

出典：障害児支援の在り方に関する検討会「今後の障害児支援の在り方について（報告書）——『発達支援』が必要な子どもの支援はどうあるべきか」(https://www.mhlw.go.jp/file/05-Shingikai-12201000-Shakaiengokyokushougaihokenfukushibu-Kikakuka/0000051490.pdf 2021年4月1日確認)

プラスワン

**ソーシャルサポート
ネットワーク**

乳幼児期からの切れ
目のない支援の実現
には、障害児を地域の
生活者ととらえ、一人
ひとりのニーズに応じ
たソーシャルサポート
ネットワーク（社会的
関係のなかでやりとり
される支援）をつくる
ことが大切となる。

貫して行うためには、関連機関の連携が欠かせません。また就学先などへ
の切れ目のない支援のための連携も重要です。そのため、各地域では、定
期的に関連諸機関の連絡会を開いて、共通理解、情報共有をしています。

おさらいテスト //

❶ 保健センターの乳幼児健康診査には、[　　　　]の役割がある。

❷ 児童発達支援センターでは、[　　　　]を行っている。

❸ 障害児への支援では、関係諸機関との[　　　　]が必要である。

//

障害児が利用できる地域資源を調べよう

①自分の住んでいる地域の障害児が利用できる地域資源を調べてみましょう。

②地域資源マップを描いてみましょう。

③福祉職員役、障害児の保護者役に分かれてロールプレイをしてみましょう。福祉職員役
　の人はマップを用いて、障害児の保護者役の人へ地域資源について説明しましょう。

児童発達支援センターについて
調べて話し合おう

- -

①自分の住んでいる地域の児童発達支援センターまたは児童発達支援事業所を調べ、概要と活動内容などを調べましょう。

②①についてディスカッションしてみましょう。話し合いのポイントは以下のとおりです。
・保育所の保育と同じ点や違う点
・関連諸機関との連携
・地域による違い

専門職の仕事を調べてみよう

①未就学の障害児への支援に関わる専門職の仕事を調べてみましょう。

　例：保育士、理学療法士、作業療法士、言語聴覚士、栄養士、心理士、ソーシャルワーカーなど。

②図表12-8（154頁）の方法や療法から1つ選び、調べてみましょう。

③調べたことをグループで発表しましょう。

小学校等との連携、就学に向けて

今日のポイント

1. 就学移行期には学校と連携し、切れ目のない一貫した支援を行う。

2. 障害児の就学先には、特別支援学校と小学校（特別支援学級、通常学級、通級による指導）がある。

3. 就学先の決定は総合的な観点から行われ、本人・保護者の意見が最大限尊重される。

特別支援教育は、特別支援学校、小学校の特別支援学級、通級指導教室、通常学級のすべてにおいて行われます。

1 就学の流れ

1 就学先決定までの流れとは

　皆さんは、障害のある子どもが学ぶ場を知っていますか。小学校には、特別支援学級と通常学級があります。通常学級の場合、通級（つうきゅう）による指導や巡回指導により特別支援教育を行っています。ここでは、教育上特別な支援が必要な子どもの就学先決定までの流れを学びます（図表13-1）。

図表13-1　障害児等の就学先決定までの流れ

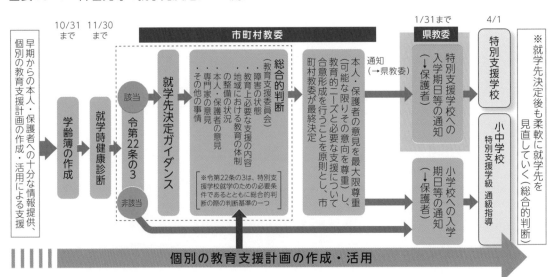

出典：文部科学省初等中等教育局特別支援教育課「教育支援資料——障害のある子供の就学手続と早期からの一貫した支援の充実」2013年（https://www.mext.go.jp/content/20201106-mxt_tokubetu02-000010819_11.pdf　2021年7月29日確認）を一部改変

2　就学先決定までの手続き

① 就学相談

　教育支援委員会*では、特別支援教育が必要な子どもの保護者を対象に、就学相談を行っています。就学相談では、専門的知識のある就学相談員が、保護者の就学に関する相談に応じます。そこでは、子どもの障害の状態を把握したうえで、就学先を決める際に役立つ学校の情報を提供したり、学校見学について説明します。保育所等に就学相談員が訪問し、子どもの状況を把握することもあります。

② 就学時健康診断

　皆さんは、小学校入学の前の年の秋ごろ、小学校へ健康診断に行ったことを覚えていますか。これが就学時健康診断*です。

　翌年の 4 月に小学校へ入学する子どもの学齢簿*が作成されると、子どもたちは就学先の小学校で就学時健康診断を受けます。教育委員会は、入学前に、内科・眼科・耳鼻咽喉科・歯科・視力の健診や面接をとおして、子どもの状況を把握します。もし子どもに学校生活や日常生活に支障となるような疾病や障害などの疑いがある場合には、教育支援委員会の就学相談につなげます。

③ 就学先の決定

　就学先はどのように決めるのでしょうか。就学先は、子どもの障害の状態や教育的ニーズを踏まえ、総合的判断から決定します。総合的判断には図表13-2 の内容が含まれます。就学先の決定では、子ども本人・保護者の意見を最大限尊重しつつ、本人の教育を第一に考える姿勢が大切です。

　保護者が子どもにとって適切な就学先を選べるように、保育者は早い段階から保育所等での子どもの状態を具体的に伝え、それを積み重ねていくことが大切です。保護者が十分に子どもの状態と教育的ニーズを理解できるように支援することが、適切な就学先決定につながります。

図表13-2　就学先決定のための総合的判断

総合的判断の要素
・障害の状態
・教育上必要な支援の内容
・地域における教育体制の整備の状況
・本人・保護者の意見
・専門家の意見
・その他

重要語句

教育支援委員会

→障害のある児童および生徒の適切かつ継続的な教育的支援を行うために教育委員会に設置されている。

就学時健康診断

→「学校保健安全法」に基づき、市町村が実施する。近年、健診における発達障害児の早期発見の機能が重視される。

学齢簿

→住民基本台帳に基づく、翌年 4 月に小学校に入学予定の子どもの名簿。

13コマ目　小学校等との連携、就学に向けて

障害のある子どもの就学準備は 1 年前から始まっているのですね。

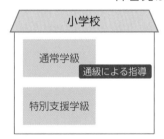

2 障害のある子どもが学ぶ場

1 障害児の就学先

　特別支援教育はすべての教育の場で行われます。通常学校には、特別支援学級、通級による指導があります。通常学級に巡回相談員や介助員を配置して特別支援教育を行う場合もあります（図表13-3）。

図表13-3　障害のある子どもの就学先

障害児が学ぶ学校

2 特別支援学校

　特別支援学校とは、障害のある児童生徒を対象とする学校です。障害の種類により領域別になっています。

　特別支援学校小学部では小学校に準じた教育に加え、障害による困難を克服し、自立を図るために必要な教育をします（図表13-4）。就学には障害の程度の基準があり、子どもの障害が比較的重い場合は特別支援学校へ

プラスワン

「学校教育法」第72条

「特別支援学校は、視覚障害者、聴覚障害者、知的障害者、肢体不自由者又は病弱者（身体虚弱者を含む。以下同じ。）に対して、幼稚園、小学校、中学校又は高等学校に準ずる教育を施すとともに、障害による学習上又は生活上の困難を克服し自立を図るために必要な知識技能を授けることを目的とする」

特別支援学校の領域

知的障害・肢体不自由・病弱・視覚障害・聴覚障害の5つの領域があり、都道府県に設置義務がある。

図表13-4　特別支援学校（知的障害）小学部の時間割（例）

	時間	月	火	水	木	金
1	8:40～9:00	合同朝会 着替え	支度			
2	9:00～9:40		着替え／べんきょう			
3	9:40～10:10	着替え／べんきょう	あつまり			
4	10:20～10:50	あつまり	課題別グループ学習			うんどう
5	10:55～11:15	うんどう				生活
6	11:20～12:00	生活	造形	音楽	体育	
7	12:00～13:30	給食 そうじ				
8	13:30～14:00	着替え／支度 帰りのあつまり	※休憩等 13:50生活／ことば・かず ～14:30			着替え／支度 帰りのあつまり
9	14:00～15:00		着替え／支度 帰りのあつまり			

出典：筑波大学附属大塚特別支援学校ホームページ（http://www.otsuka-s.tsukuba.ac.jp/page2_2.html?eid=00021 2021年3月12日確認）

就学します。

3　特別支援学級と通級による指導

　比較的障害の軽い子どもの就学先として、特別支援学級があります。特別支援学級には障害による種別があり、一人ひとりの状態に適した教育が行われています（図表13-5）。

　通級による指導は、軽度の障害のある子どもが通常の学級に在籍しながら、個々の障害の状態に応じて受ける指導です（図表13-6）。児童の状況により、月1時間から年間280時間まで（週当たり8時間まで）の個別指導が基本です。小集団指導を行うこともあります。

図表13-5　知的障害特別支援学級（小学校4年生）の時間割例

	月	火	水	木	金
1	日常生活の指導				
2	★生活単元学習（生単）				
3	○体育	★生単	算数	○図工	○体育
4	自立	算数	○体育	○図工	算数
5	算数	国語書写	音楽	算数	○総合
6	国語	算数	★委員会／クラブ活動		○総合

○：交流学級での学習
★：知的障害児の知的機能に配慮した教育課程である領域・教科を合わせた授業
出典：国立特別支援教育総合研究所「小学校・中学校管理職のための特別支援学級の教育課程編成ガイドブック−試案−」2016年（https://www.nise.go.jp/cms/resources/content/11519/20160411-131708.pdf 2021年3月15日確認）をもとに作成

図表13-6　通級による指導例

LD（学習障害）があり、文字の形や大きさが整わない、空間の位置関係の把握が苦手な児童➡空間認知課題や漢字パズル、SSTカードを活用した個別指導。

ADHDがあり、社会性が育ちにくい児童への指導➡ペアやグループでの小集団活動をとおして楽しみながら協力する力を育む活動。

プラスワン

特別支援学校での指導

特別支援学校では、通常の学校にはない特別の教育課程とし、自立活動や領域・教科を合わせた指導などが行われる。

特別支援学級の種別

特別支援学級には、知的障害・肢体不自由・病弱および身体虚弱・弱視・難聴・情緒障害・言語障害の7つの障害種別がある。

通級による指導の対象

言語障害、弱視、難聴、自閉症、情緒障害、学習障害、注意欠陥多動性障害、肢体不自由、病弱・虚弱。

自立活動

障害による学習上または生活上の困難を改善・克服するための指導である。健康の保持、心理的な安定、人間関係の形成、環境の把握、身体の動き、コミュニケーションの6つに区分される。

通級による指導の方法

通級による指導には自校通級、他校通級、巡回指導の3つの方法がある。

13コマ目　小学校等との連携、就学に向けて

3 小学校との円滑な連携

1 小学校での特別支援教育の体制

① 特別支援教育コーディネーター

小学校の特別支援教育に関する窓口は、特別支援教育コーディネーターが行っています。特別支援教育コーディネーターは、特別支援教育の全体の調整や連絡窓口の役割を担う教員で、校長が指名します。幼稚園から高校までの教育機関に配置されています。

特別支援コーディネーターの役割（小学校）は、下記のとおりです（図表13-7）。

> ・校内の関係者、福祉、医療等の関係機関との連絡・調整
> ・保護者や関係機関に対する学校の窓口
> ・校内委員会・校内研修の企画・運営

図表13-7　小・中学校の特別支援教育コーディネーターの役割

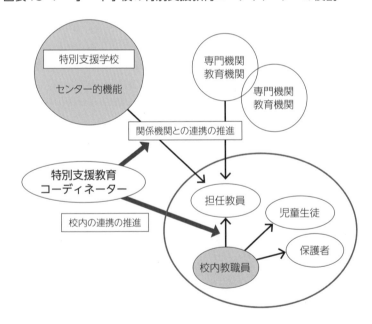

出典：国立特別支援教育総合研究所「特別支援教育コーディネーター実践ガイド」2006年を一部改変

② 校内委員会

校内委員会とは、校内における全体的な教育支援体制を整備するための委員会です。ここでは、教育上特別な支援を必要とする児童等に早期に気づいたり、適切な教育・支援を行ったりするための、実態把握や支援内容の検討等を行います。

📋 **プラスワン**

特別支援学校の特別支援教育コーディネーター

医療機関や福祉機関と連携・協力、学外の専門家からの助言機会の推進役、地域における特別支援教育のセンター的機能を推進する役割がある（➡14コマ目を参照）。

特別支援教育コーディネーターの指名率

特別支援教育コーディネーターの指名率は、幼稚園・高等学校が小中学校に比べて低く、体制整備が課題となっている（➡14コマ目を参照）。

📋 **プラスワン**

校内委員会のメンバー

校長、教頭、特別支援教育コーディネーター、教務主任、生徒指導主任、養護教諭、特別支援学級担任、通級指導教室担当、学年主任、対象児童生徒の学級担任などである。

2　小学校との違いによって生じる問題

① 保育所等、幼稚園と小学校の違い

　就学すると、子どもたちの生活は、遊び中心の生活から各教科の学習が中心の生活となり、主に図表13-8のような変化があります。

図表13-8　保育所等、幼稚園と小学校の違い

保育所等、幼稚園	小学校
子どもの興味・関心により遊びが発達していく。	教科学習では、教科書を使用し、学習する内容が決まっている。
時間の流れは緩やかである。	時間割があり1単位時間が決まっている。
遊びや生活をとおして学んだことが内容になる。	学習したことに対する評価がある。
保育者は、子どもの発達を促す適切な環境を整えて、個々の成長を見ていく。	教員は、子どもに学力をつけるための教材や指導方法を研究したり、子どもの心が育つ関わりをする。

② 違いによって生じる問題

　これまで子どもたちが慣れ親しんだ保育所等、幼稚園の教育や環境と、小学校での新しい教育や環境との違いが大きすぎると、子どもは小学校入学後の学校生活で戸惑ったり困ったりするでしょう。これらの違いが「小1プロブレム」が生じる要因にもなっています。特に特別な支援が必要な子どもにとっては環境の違いは大きな課題です。

3　切れ目のない円滑な移行のために行うこと

① 学校への引き継ぎ

　ここでは、小学校への切れ目のない円滑な移行のための連携について学びます。

　幼児教育から学校教育への移行には、保育所等、幼稚園と小学校のさまざまな連携が必要です。障害のある子どもに限らず、幼児教育と学校教育との違いが大きすぎると、小学校入学後に子どもの学校での適応が難しくなるからです。違いを少なくするためには、保育所等、幼稚園と小学校が互いに連携・協力をする必要があります。保育所等、幼稚園と小学校の連携の種類は図表13-9のとおりです。

図表13-9　保育所等、幼稚園と小学校の連携の種類

- ・子ども同士の交流などの活動上の連携
- ・保育者と教員との人的交流
- ・指導内容の連携
- ・個々の子どもの情報共有
- ・家庭支援に関する連携

13 コマ目　小学校等との連携、就学に向けて

📋 **プラスワン**

小1プロブレム
小学校へ入学した子どもたちが学校生活になじめず、教員の話を聞かなかったり、授業中に勝手に歩き回ったりするなどの適応困難を示し、長期にわたって授業が成立しない状況を指す。

障害のある子どもの情報共有のために、市町村教育委員会は、保育所等、幼稚園、医療、福祉、保健等の関係機関と連携して、就学移行期における個別の教育支援計画を作成します。

② 就学支援シート

就学支援シートは、特別な配慮が必要な子どもへの保育所等と小学校との情報共有のために作成される引き継ぎ資料です。個別の支援計画を作成していない保育上で気になる子どもの情報の引き継ぎなどに活用されます。シートには、保護者と担任保育者それぞれが子どもの状況や関わりを書くようになっています。

以下に就学支援シートを書くときのポイントをあげます。
①子どものよい点や強み、学びの状況をとらえて具体的に記す。
②読み手である小学校の教員が理解しやすいように配慮する。
③子どもの姿とともに保育者の関わり方を具体的に記載する。

図表13-10　就学支援シートの例（小平市）

項目	保護者から		認定こども園・幼稚園・保育園から医療・療育関係等から
	★気になること、配慮が必要なことにチェックを付け、右側に詳しくご記入してください。	★"得意なこと""好きなこと""工夫していること"などを記入してください。	
学習の基礎	☑言葉を聞いて理解する（1対1、集団での様子） ☑自分の思いを言葉で伝える □文字に関心をもつ □数える　□絵を描く □工作をする □その他	・クラス全体への指示理解が苦手である。 ・自分の思いを伝えたい気持ちはあるが、適切な言葉が出てこないことがある。	・ブロック（LaQ）が好きで細かいものを作っている。	・全体に伝えたあと個別に分かりやすく伝えている。 ・気持ちに焦りがあると言葉がうまく出ないことがあるので、落ち着かせてゆっくり聞くようにしてきた。
生活の基礎	□着替え □トイレ ☑食事 □片付け □挨拶 □その他	・好き嫌いが多く家では偏った食事である。	・片付けは好きで、得意でもある。	・園で友達と一緒だと苦手な野菜や魚も食べている。
遊びや他者との関わり	☑子ども同士の関わり □大人との関わり □大人数での活動 □指示・ルールの理解 □その他	・夢中になっているものがあると自分の世界に入ってしまうので、集団での活動に参加できるか心配である。	・小さい子には優しい面がある。	・好きな遊びを通して友達との関わりも見られるが、うまく関われないときは、大人が仲立ちとなって伝えるようにした。
運動面・行動面	1 運動について □身体全体を使った運動 □手先を使った作業 2 感情について □家庭や友達との共感 ☑感情の安定 　（不安、パニックなど） 3 行動について □落ち着き ☑人や物にあたる、こだわりがある、など 4 感覚について □音への反応 　（苦手な音がある、など） □感触への反応 　（苦手な感触がある、など） 5 その他	・予定外のことが起きると気持ちの切り替えが難しい。 ・初めての場所、人に対し緊張が強い。 ・環境の変化が苦手である。		・場所を変えて気持ちの切り替えを図るなどの対応をした。 ・「楽しさ」を伝えることで初めてのことにも向き合えるので、近くで寄り添うなどして援助した。

プラスワン

就学支援シート

特別な配慮が必要な子どもへの保育所等と小学校との情報共有のために、多くの地域で、要録に加え、就学支援シートを作成して活用している。

個別の教育支援計画、個別の支援計画については10コマ目を参照しましょう。

項目	保護者から
○支援のポイント ・大切にしてきたこと	・緊張が強いので、「失敗しても大丈夫」というメッセージを事あるごとに伝えてきた。 ・初めての場所（環境）に戸惑うのでどこへ行き、何をするのか具体的に説明をしてから連れて行くようにした。
○入学してからこうあってほしいこと	・学校に楽しく通い、その中で「得意なこと」「好きなこと」を見付けて伸ばしていってほしい。 ・友達と仲良く楽しんでほしい。
認定こども園・幼稚園・保育園・医療機関・療育機関から、上記の“支援のポイント・大切にしてきたこと”“入学してからこうあってほしいこと”について記入してください。	
・新しい環境に慣れにくいので、近くで寄り添ったり、不安を解消したりして保育者とのコミュニケーションを大切にしてきた。何かに挑戦するときは見守り、できたことを褒めることで自信をもって取り組めるようになってきた。 ・初めてのことはあらかじめ流れを伝えておくことで、緊張が和らいで取り組める。	
自由記入欄　★ 書ききれなかったこと、項目以外で必要なことを自由に記入してください。	
＊喘息体質なので、体調がすぐれない様子が見られたら、保健室で休ませるなどの配慮をしていただけると助かります。	

出典：小平市教育委員会教育部指導課「『こげら就学支援シート』活用ブック（平成 30 年 6 月改訂版）」2018 年

　関わり方や指導の工夫などを具体的に書くことで、教員は子どもへの指導や関わりをイメージしやすくなり、指導に役立てやすくなります。就学支援シートの記載内容の例は図表 13-10 のとおりです。

　このように、保育のなかで積み重ねてきた関わり方を引き継ぐことは、なめらかな移行を進めるうえで大切です。

　具体的には、資料や連携をとおして、保育で行ってきた環境調整、視覚支援、言葉かけの工夫、行事参加への工夫などを共有します。個別の言葉かけの仕方や、「スケジュールを視覚的に示すと参加しやすい」などの具体的な情報は、就学後の早い段階から子どもの理解を深め、学校での指導のヒントにもなります。

③ 就学を意識した保育：接続期に行うこと

　接続期＊とは、保育所等から小学校へ移行する時期を指します。接続期には、保育者・教員・保護者が連携し、保育所等から小学校へ移行する子どもたちを支えます。

重要語句

接続期

→ 5 歳児後期のアプローチ期と小学校入学初期のスタート期を合わせた時期を指す。

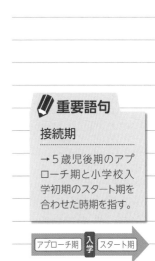

アプローチ期　入学　スタート期

13 コマ目

小学校等との連携、就学に向けて

167

図表13-11　接続期における保育者による指導上の配慮の例

視点	就学を意識した保育
遊びから 教科学習へ	目標のある協同活動、自分の意見を発表し合う活動、遊びをとおして文字や数にふれる活動、一定時間着席する活動などの導入。
時間感覚の変化	日々の活動中に時計を意識させ、時間の見通しをもたせる配慮。
新たな学校の 規律	学校の規律や生活を意識した保育の展開。学校訪問、時間内の食事、安全学習、身辺自立の促進など。

　保育者と教員は直接的な情報交換に加え、保育・授業参観や研修をとおして保育の内容と学校教育の内容を互いに理解するとともに、そのなかでの子どもの様子について理解を深めます。保育者は、保育のなかに学校教育の基礎的内容を見いだしやすくなったり、教員は幼児期の学びを基盤とした授業の工夫や生活指導上の配慮に気づきやすくなったりします。これらは双方の違いを少なくしていくことにつながります。

　また、この時期の家庭との連携も大切です。保護者は、入学への見通しをもって基本的生活習慣を確立する取り組みをしたり、学校教育への理解を深めたりする必要があります。保育者は、小学校入学に向けた年間計画や、保育内容と小学校の教育内容との関連性などを説明し、保護者の学校教育への意識を高める工夫をします。説明には、保護者会の機会やおたよりを活用します。

　小学校教育へのスムーズな移行のためには、保育上の工夫が必要です。これまでの保育計画に、小学校の教科学習や学校生活を意識した活動を取り入れたり、環境を構成したりします。保育者は、特別な支援が必要な子どもの様子を観察して記録し、子どもの実態から入学後の課題を整理します。図表13-11は、接続期における保育者による指導上の配慮の例です。

④ 入学後に行うこと

　小学校入学後は、授業参観や小学校側との連絡会の機会を利用し、意見交換をしたり、自分たちが記した引き継ぎ書類や伝達事項の内容が教員に十分に理解され指導に生かされているかを確かめたりします。そのうえで、今後の連携上の課題、改善点などを話し合います。

4　その他の役立つ資料：サポートファイル、要録

① サポートファイル

　サポートファイルは、子どもの生育歴など詳細かつ正確な情報を記録する様式で、支援者が変わっても一貫性のある支援を可能にするためのツールです。特別な支援が必要な子どものうち、保護者が希望する場合に作成するものです。サポートファイルの利用により、現在までの情報が正確に伝わるだけでなく、保護者は、病院、学校、児童福祉施設などで同じ説明を繰り返す必要がなくなります。サポートブックともいいます。

② 要録

　要録とは、保育者が保育所等の子どもの育ちを記入して、小学校の教育

プラスワン

要録

要録には、保育所児童保育要録、幼稚園幼児指導要録、幼保連携型認定こども園園児指導要録がある。

図表13-12　就学前から学齢期、社会参加までの切れ目のない支援体制整備

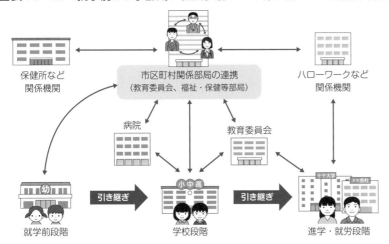

出典：文部科学省「切れ目ない支援体制整備充実事業（2019年度資料）」2019年をもとに作成

へ円滑に引き継ぐための公的な書類です。記入する内容には、子どもの姿や発達の状況、指導の過程と子どもの様子、子どもの性格や特性などが含まれます。要録は、就学予定のすべての子どもを対象に記入し、小学校へ写しを送付します。また、要録は、保育所等から小学校への教育を円滑に進めるうえで重要な資料となるため、保育者は、これまでの発達と現在の子どもの様子を記載します。

　保育上で気になる行動があるが保護者が気にしていなかったり、就学支援シートの作成を望まなかったりする場合には、この要録を活用し、入学後早い時期に、担任に目を通すように伝達しておきます。

5　乳児期から成人期までの切れ目ない支援を目指して

　現在、わが国では、インクルーシブ教育システムの推進に向けた取り組みとして、乳児期から社会参加までの切れ目のない一貫した支援を目指した体制整備が進められています（図表13-12）。

　関係機関が相互に連携し、各ライフステージでの横の連携と、ライフステージに応じた切れ目のない支援を提供する縦の連携による切れ目のない一貫した支援の仕組みづくりが進められています。

おさらいテスト

❶ 就学移行期には学校と連携し、[　　　　　]支援を行う。

❷ 障害児の就学先には、[　　　　]と小学校（[　　　　]、通常学級、
　[　　　　]による指導）がある。

❸ 就学先の決定は[　　　　]観点から行われ、本人・保護者の意見が
　[　　　　]される。

特別支援学校や特別支援学級について知ろう

①地域の特別支援学校を調べ、グループで情報を共有しましょう。

【調べるポイント】

・どのような障害のある子どもが学ぶ学校か。

・どのような学部があるか（例：小学部と中学部など）。

・小学部ではどのような勉強をしているのか。

②地域の小学校の特別支援学級や通級による指導について調べ、グループで情報を共有しましょう。

【調べるポイント】

・どのような障害のある子どもが学ぶ教室か。

・どのような指導をしているのか。

演習課題

調べてみよう

①自分の住んでいる地域で使用する就学支援シート（発達支援シート）やサポートファイルについて調べてみましょう。

②グループメンバーが調べた他の地域の書類との共通点や相違点を見つけましょう。

保育者と教員の関わり方の共通点と
相違点を考えよう

- -

相違点について、学校生活や学校での学びに役立つようにするための工夫を考えましょう。

①5歳児クラスと小学校1年生のクラスの様子を比較して、保育者と小学校の先生の関わり方の共通点と相違点を見つけましょう。

例：ものの配り方・指示の出し方・説明のしかた・給食・片づけと掃除・当番と係など。

②①の相違点について、学校生活や学校での学びに役立つようにするための工夫を考えましょう。

第4章

障害児保育の現状と
課題および場面事例

この章では、障害児等の保育に関わる現状と課題として、
保健・医療および福祉・教育の両面についてみていきます。
また、障害等のある子どもの対応に関する場面事例を紹介し、それぞれの
演習課題をとおして、具体的な対応方法を学習していきます。

特別な配慮を必要とする子どもの保育に関わる現状と課題

今日のポイント

1. 障害の早期発見のためには、通常の乳幼児健康診査のほか、5歳児健康診査も重要である。
2. インクルーシブ保育実践のためには、子ども主体の保育への意識が不可欠である。
3. 障害のある子どもの支援では、ライフステージを見通した縦の連携と各時期の支援を充実させるための横の連携が必要である。

1　保健・医療における現状と課題

1　障害の早期発見・早期支援

子どもの障害は、早期に発見し、支援に結びつけていくことがその後の成長発達のために大切です。ここでは、子どもの障害に気づくことから始まり、診断、支援に至るまでの課題について説明します。

① 子どもの障害への気づき

障害の早期発見は、その可能性がある子どもに「気づく」ことから始まります。子どもがどのような特性をもっているのか、その子がどのような環境に置かれているのかによって、生まれてすぐ発見できるケースもあれば、乳幼児健康診査で発見できるケース、保育所等で発見されるケースなどさまざまにあります。たとえば、染色体異常であるダウン症は、胎児期あるいは生後すぐに発見されますが、限局性学習症（➡ 7コマ目を参照）のように、小学校にあがってから授業でつまずきを経験することにより発見されるケースもあります。

「母子保健法＊」で定められている乳幼児健康診査は、乳児、1歳6か月児、3歳児を対象としたものですが、近年、5歳児に対する健康診査の

重要語句

母子保健法

→母子健康手帳、妊産婦に対する健康診査、乳幼児健康診査、妊産婦と乳幼児の訪問指導など母子保健に関して規定している法律。

保育者が発見し、支援へとつなげることもある。

図表14-1　専門的医療機関における発達障害に関わる初診待機日数

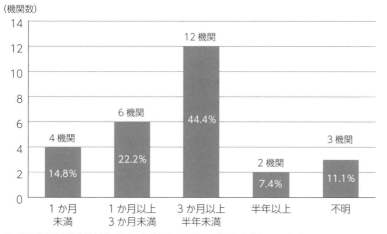

出典：総務省「発達障害者支援に関する行政評価・監視──結果報告書」2017年 (https://www.soumu.go.jp/main_content/000458776.pdf 2021年7月29日確認)

重要性が指摘されています。乳幼児健康診査は障害の早期発見などに重要な機会ですが、発達障害はそれらの健康診査では検出されないことが多く、5歳児健康診査が重要な意味をもちます。現在、5歳児健康診査を実施する自治体は少しずつ増えているものの、十分とはいえない状況です。

　健康診査において障害を発見できなかった場合でも、保育所等で保育者が子どもの障害に気づく可能性があります。しかし、保育者が子どもの気になる様子を保護者に伝えても、健康診査で特段の指摘がなかったために保護者自身が保育者の指摘を重く受け止めないこともあります。

② 気づきから診断へ

　障害の診断を受ければ、その子どもにとって必要な支援を受けやすくなります。また、障害の可能性がある子どもに適切な保育をするためには、医療機関等の専門機関との連携が不可欠です。しかし、診断に関わる課題として、次の2点があげられます。

　1つは、保護者が医療機関の受診をしないことです。保護者によっては、子どもの障害に気づいていない場合や、障害を認めたくないということがあります。その場合、なかなか受診には結びつきません。

　もう1つは、専門の医療機関が少ないことです。医療機関の受診をためらう保護者もいますが、子どもの発達に不安を抱え、障害を専門とする医療機関の受診をしようとする保護者も増えています。専門の医療機関の数が限られているうえ診察や検査に時間がかかるため、医療機関の対応のほうが追いつかない状況にあります（図表14-1）。

　また、診断には至らないものの、何らかの支援が必要な子どもが保育所等にいる場合は、後述する巡回支援専門員整備事業*の活用も有効です。

2　医療的ケア児の支援

　医療的ケア児（➡ 3コマ目を参照）が保育所等の保育施設に通うケースが増えています。医療的ケア児が保育施設を利用することのメリットとし

プラスワン

専門の医療機関

発達障害の診断は、小児科、児童精神科、小児神経科などで受けることができる。また、日本小児神経学会のホームページに、発達障害の診断・治療・指導を担当できる小児神経専門医の登録名簿がある。

重要語句

巡回支援専門員整備事業

→保育所等に障害の専門知識のある職員が訪問するサービスであり、主に保育者への専門的支援をとおして子どもに間接的な支援を行う（➡12コマ目を参照）。

て、①子どもたちが自然と医療的ケア児に関わり、医療的ケア児自身も集団生活のなかで自立心や所属感、社会性が芽生え、互いの違いを認め合いながら成長・発達していくインクルーシブ保育の成果があること、②保護者への子育て支援と就労をとおした社会参加が実現されていることがあげられます。

その一方、医療的ケア児が保育施設を利用する際の課題として、①看護師の配置などの制度的課題、②健常児も含めた多様なニーズにいかに対応するかという保育実践上の課題、③保育所等で医療的ケアを安心・安全に提供することの負担やリスクがあります。

① 看護師の配置などの制度的課題

医療的ケア児の支援には、医師や看護師でなければできない医療行為が含まれており、保育者では対応することができません。そのため、保育所等における看護師の配置が重要な課題です。2017年度から開始された医療的ケア児保育支援モデル事業*において、看護師などの配置の整備が進められています。

② 健常児も含めた多様なニーズにいかに対応するか

保育所等では、健常児と医療的ケア児との配慮のバランスに苦慮することがあります。たとえば保育所等では、原則、年齢によるクラス分けとなっていますが、医療的ケア児の状態によっては、健常児と同じ活動を行うことが難しくなることがあります。年齢の枠を超えた異年齢保育の実践方法を取り入れるなど、子どもの状態に合わせた参加の形を検討することも大切です。そのため、クラスにいる子どもの状態によってグループ分けをすることや、年齢の枠を超えた異年齢保育の実践方法を取り入れることもあげられます。

③ 保育所等で医療的ケアを安心・安全に提供することの負担やリスク

保育者にとっては、子どもの医療的ケアが命に直結しているため、ふだんの保育から緊張を強いられることになります。保育所等全体で安心・安全な医療的ケアを提供するためにも、職員の研修や看護師との連携が不可欠となります。

医療的ケア児が保育施設を利用できることは、保護者の休息の時間を提供できるとともに、相談対応や専門家とのつながりをつくっていくうえで重要です。その一方で、保護者は、保育所等の利用が可能になったあとも、

医療的ケア児の保育は看護師との連携が不可欠である。

わが子の身体的リハビリと保育所等の利用のどちらを優先させるかなどの葛藤を抱えたり、就学後も、医療的ケアの体制が整うのかという不安を抱えることがあります。保育所等は、保護者への継続的な相談対応や、就学先の学校を含めた関係機関との連携をしていくことが大切です。

2　福祉・教育における現状と課題

1　インクルーシブ保育について

インクルーシブ保育により、障害のある子ども自身がほかの子どもから刺激を受け成長できるだけでなく、ほかの子どもにとっても一人ひとりの違いに気づき、思いやりや相手を尊重する力が身につくことが期待されます。また、それによって、障害に対する偏見や差別をなくすことができると考えられます。一方、インクルーシブ保育を実践していくためには、いくつかの課題があります。

① 子ども主体の保育への転換の課題

インクルーシブ保育は障害児の分野で語られることが多いのですが、インクルーシブ保育の対象は、障害のある子どもばかりではありません。たとえば、虐待を受けた子ども、外国につながりをもつ子ども、貧困など生活課題を抱えた子どももいます。保育所等において対応すべき子どもは多様化しているため、障害のある子どもと障害のない子どもという区別ではなく、すべての子どもが一人ひとり異なるという視点が大切です。

堀（2017）は、インクルーシブ保育の視点では、「障害のある子ども」ではなく、「特別なニーズのある子ども」という見方の転換が必要であり、さらにはすべての子どもが、「その子なりのニーズのある子ども」ととらえることが大切だとしています。それを踏まえ、保育実践では、多様な子どもたちがともに生活するなかで、相互に育ち合えるような実践をつくり出していくことが必要としています。また、堀（2017）は「真に子ども主体の保育」の重要性を指摘し、保育の場において、子どもの主体性を尊重したつもりであっても、それが真に子ども主体になっているのかを問い直すことの必要性をとりあげています。インクルーシブ保育は、明確な実践方法として定められるものではありませんが、すべての子どもが真に主体的になれるような保育を実践することが求められます。

② インクルーシブ保育を実践するうえでの課題

インクルーシブ保育に対する重要性は保育者も徐々に把握してきているところですが、具体的にどのようにクラス運営をしていくとよいのかという点で不安やとまどいが起こっています。これは、インクルーシブ保育に対して肯定的な考えをもつ保育者であっても、そのような不安・とまどいがあるとされています。インクルーシブ保育の実践には、保育者の意識が重要であることと、特に管理職が、インクルーシブ保育の理念をもっているかどうかが大きく影響するとしています。そのうえで、インクルーシブ

14
コマ目

特別な配慮を必要とする子どもの保育に関わる現状と課題

保育を実践するために必要な保育者のスキルとして、①特別な配慮が必要な子どもの状況を把握し、支援計画を作成する力、②すべての子どもが楽しく活動できるプログラムを開発および実践する力が必要とされています。なお、すべての子どもが楽しく活動できるということは、前述したような、子どもが真に主体的になれるようにするための取り組みと同義であると考えることができます。

2 障害のある子どもに対する組織的かつ計画的な指導

インクルーシブ保育が推進されているものの、そもそも今の保育施設は、施設・設備も人員配置も、障害のある子どもの受け入れを想定したものではありません。保育所等では、担任の保育者を中心に少数の保育者が、障害のある子どもを含めた多様な子どもに対応しなければならない状況にあります。それでも障害者施策の進展などにより、保育施設が障害のある子どもを受け入れる機会は増えているため、現状の保育施設をうまく活用しつつ障害のある子どもに対応することが求められます。そのような対応の手立てとして、障害のある子どもの保育を担当する加配保育士*や、障害の専門知識のある職員が保育所等を訪問するサービスとして後述する巡回支援専門員整備事業や保育所等訪問支援事業があります。

一方で、幼稚園から高等学校までの教育機関では、障害のある子どもの教育について園全体（学校全体）で話し合うため園内委員会（小学校等では、校内委員会）を設置します。園内委員会は、クラス担任、園長、特別支援教育コーディネーター（➡13コマ目を参照）、その他の職員などで構成されます。また、特別支援教育コーディネーターは、特別支援教育の全体の調整や連絡窓口を担う教員であり、園長が指名します。特別支援教育コーディネーターは、子どもの障害の状態などに応じた指導内容や指導方法の工夫を、組織的かつ計画的に行うために重要な役割を担っています。小学校等に比べ、幼稚園における特別支援教育コーディネーターの指名率は低く、保育所等ではほとんど指名されていません。特別支援教育コーディネーターのような役割をクラス担任が兼務したり、巡回サービスを行う外部の専門家が担ったりするようなケースが多く、負担の大きさなどを考えると、保育所等においても特別支援教育コーディネーターの指名が求められています。

重要語句

加配保育士

→障害のある子どもの保育を担当するため、通常の保育士の人数にプラスして配置される職員。

特別支援教育コーディネーターが保護者に説明を行うこともある。

　「平成30年度特別支援教育に関する調査等の結果について（概要）」（文部科学省、2019年）では、小学校・中学校・高等学校における特別支援教育コーディネーターの指名率は 8 割を超えているのに対し、幼稚園では 6 割程度、幼保連携型認定こども園では 5 割程度となっています。

3　支援の場の広がりとつながり

1　障害児支援のあり方

　「今後の障害児支援の在り方について（報告書）――『発達支援』が必要な子どもの支援はどうあるべきか」（厚生労働省、2014年）では、障害児支援に関する基本理念として図表14-2 の 4 点があげられています。

図表14-2　障害児支援の 4 つの基本理念

①地域社会への参加・包容（インクルージョン）の推進と合理的配慮 ②障害児の地域社会への参加・包容を子育て支援において推進するための 　後方支援としての専門的役割の発揮 ③障害児本人の最善の利益の保障 ④家族支援の重視

　この理念の実現化のためには、ライフステージに応じた切れ目のない支援の推進（縦の連携）と保健、医療、福祉、保育、教育、就労支援等とも連携した地域支援体制の確立（横の連携）が必要とされました。図表14-3 は、地域における「縦横連携」イメージです。

① ライフステージに応じた切れ目のない支援の推進（縦の連携）

　障害に気づいた段階から、乳幼児期、小学校、中学校、高等学校へとライフステージを見通して、一貫性のある支援が行われるようにします。そのために、各段階に移行する際に、支援の一貫性が途切れないように、市町村を基本とした相談支援体制の充実、移行期における支援、個別の支援計画の活用等についてあげられています。

② 保健、医療、福祉、保育、教育、就労支援等とも連携した地域支援体制の確立（横の連携）

　子どものライフステージに応じて関与の度合いは異なりますが、保健、医療、福祉、保育、教育、就労支援などのさまざまな関係者が支援を行います。そのため、それらの多くの関係者における連携体制づくりが重要です。このような多数の関係者をつなぎ、個々の障害児の支援をライフステージに沿って進めるにあたって中心になるのが、障害児相談支援です。障害児相談支援は、障害児がサービスを効果的に利用できるように、障害児支援利用援助や継続障害児支援利用援助を行うなどマネジメントの役割を担います。

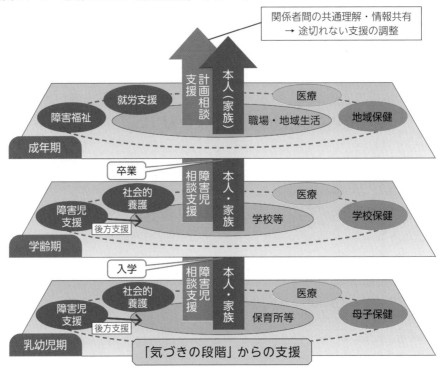

図表14-3　地域における「縦横連携」のイメージ

関係者間の共通理解・情報共有
→ 途切れない支援の調整

出典：厚生労働省「今後の障害児支援の在り方について（報告書）──『発達支援』が必要な子どもの支援はどうあるべきか」2014年（https://www.mhlw.go.jp/file/05-Shingikai-12201000-Shakaiengokyokushougaihokenfukushibu-Kikakuka/0000051490.pdf 2021年4月5日確認）

・障害児支援利用援助……障害児通所支援（児童発達支援、医療型児童発達支援、放課後等デイサービス、保育所等訪問支援）の利用申請手続きにおいて、障害児の心身の状況や環境、障害児または保護者の意向などを踏まえて「障害児支援利用計画案」の作成を行う。また、利用が決定した際は、サービス事業者等との連絡調整、決定内容に基づく「障害児支援利用計画」の作成を行う。

・継続障害児支援利用援助……利用している障害児通所支援について、その内容が適切かどうか一定期間ごとにサービス等の利用状況の検証を行い、「障害児支援利用計画」の見直しを行う（モニタリング）。また、モニタリングの結果に基づき、計画の変更申請などを検討する。

　地域における「縦横連携」とあるように、障害児支援は地域の子育て支援や教育支援のなかに位置づけられ、地域のなかで乳幼児期から就労に至るまでの専門的支援が切れ目なく続けられるようにすることが求められるようになりました。以前の障害児支援では、障害のある人への支援や教育を居住地域外の施設や学校で行うことも多かったことを踏まえ、障害のある人やその家族が居住地域で切れ目ない支援を受けられることは進展といえます。

　また、障害のある子どもや家族が居住地域で支援を受けるということは、乳幼児期の障害児支援の中心的な場は保育所等であることを意味してい

す。そのため、保育所等の一般的な子育て支援施策における障害児の受け入れを進めるとともに、その子育て支援施策をバックアップする後方支援として障害児支援を位置づけます（図表14-2②）。その後方支援には、障害児に関する施設・事業所等がもっている専門的な知識・経験を活用します。その際、保育所等訪問支援などを積極的に活用して、保育所等の育ちの場における障害児の支援に協力できるような体制づくりを進めていくことが必要となります。

2　縦横連携のための課題

　地域における「縦横連携」を進めるための課題については、「今後の障害児支援の在り方について（報告書）——『発達支援』が必要な子どもの支援はどうあるべきか」（厚生労働省、2014年）において詳細に説明されていますが、すでにこのコマで説明しているものもあるため、以下の2点のみ説明します。

① 地域における「縦横連携」を進めるための体制づくりとしての、児童発達支援センター等を中心とした地域支援の推進

　障害児への地域支援の推進を図るためには、都道府県全域、障害福祉圏域、市町村域等の区域ごとに、それぞれの実情に応じて、障害児入所施設や発達障害者支援センター、児童発達支援センター、児童発達支援事業所等が直接的な支援とバックアップ支援の役割分担を明確にし、十分な連携が確保された重層的な支援体制を構築する必要があります。そのなかで、児童発達支援センターはその専門的機能を生かし、当該地域における障害児支援の中核施設としての役割が求められます。

② 「縦横連携」によるライフステージごとの個別の支援の充実としての、保育、母子保健等と連携した保護者の「気づき」の段階からの乳幼児期の障害児支援

　保護者が「気づく」前段階の子どもを具体的な支援につなげるために、健康診査や保育者の気づきによる障害の早期発見が重要です。また、保育所等において有機的な連携を図ったうえで、専門的な支援が必要です。そのため、健康診査は、個人情報の保護に留意しつつ、各市町村の母子保健部門から適時適切に障害児支援部門に情報を提供し、障害種別に応じた適切な支援につなぐことができるような体制をつくることが必要となります。

　保育所等において、支援が必要な子どもをていねいにフォローするためには、障害に関する専門職員が保育所等を巡回して、障害の診断はないが障害の可能性がある子どもを適切に支援につなげることが必要です。専門職員が保育所等を巡回する事業として、保育所等訪問支援事業や巡回支援専門員整備事業等があります。保育所等訪問支援事業は、子どもに直接支援を行うことができますが、保護者の申請に基づくため、保護者が子どもの障害を理解していることが必要です。そのため、障害の診断がない段階の子どもの支援を行うことは難しいといえます。一方で、巡回支援専門員整備事業は、保育所等の申請に基づくため、保育者への助言などをとおして、障害の診断がない子どもを間接的に支援することができます。巡回支

援専門員整備事業は市町村の任意事業のため、活用していない市町村もあります。しかし、障害の診断がない子どもを支援につなげるため、巡回支援専門員整備事業の普及が課題となります。

外部の専門家の
巡回の普及が望
まれている。

おさらいテスト //

❶ 障害の早期発見のためには、通常の乳幼児健康診査のほか、[　　　　]
も重要である。

❷ インクルーシブ保育実践のためには、[　　　　]の保育への意識が不
可欠である。

❸ 障害のある子どもの支援では、ライフステージを見通した[　　　　]
と各時期の支援を充実させるための[　　　　]が必要である。

//

演習課題 ✏

5 歳児健康診査について調べよう

- -

　5 歳児健康診査を行っている市町村について調べ、どのようなことを診査するのかまとめてみましょう。

①市町村名

[

]

②5 歳児健康診査の内容

[

]

特別支援教育コーディネーター

特別支援教育コーディネーターは保育所等においてどのような役割が期待されるでしょうか。以下の問いに回答するかたちでまとめてみましょう。

①特別支援教育コーディネーターは、園内の職員同士が話し合える場として、園内委員会を設置します。園内委員会は、どのようなメンバーで構成されるでしょうか、また設置することで、子どもや個々の職員にとってどのようなメリットがあるでしょうか。

②特別支援教育コーディネーターは、保育所等が、関係機関と連携をとる際の窓口になります。その役割を果たすため、どのような知識があるとよいでしょうか。

演習課題 ✏

地域の関係機関との連携の現状を調べよう

- -

　障害のある子どもを支援するため、保育所等は、障害に関する相談機関や障害児の支援機関など、地域の関係機関と連携します。しかし、スムーズに連携するためには、さまざまな条件が整っている必要があります。たとえば、以下のようなものがあります。
・連携する機関同士が互いの役割を理解し尊重しているか
・子どもの障害やそれを支援するための連携に関して保護者の理解は得られているか
・それぞれの機関に人的・時間的な余裕はあるか

　保育所等が連携する地域の関係機関を 1 つとりあげ、その機関との連携に関してどのような課題があるのかを調べ、その課題を解決するためにどのような方法があるのかをまとめましょう。
①地域の関係機関

②連携に関わる課題

③課題解決の方法

支援事例

1 6つの支援事例と活用方法

　特別な配慮を必要とする子どもの保育に関する6つの事例から、実際の対応について理解を深めます。各事例に演習課題が2つあります。1つ目は、実際の支援内容を個人で考えるもので、2つ目は、それをグループで共有し、お互いの考えのメリット・デメリットを明確にするものです。

2 支援事例からみる実際の対応

1 友だちを叩いたり噛んだりする場合

　コウタくん（4歳・男児）のことで、るな先生が悩んでいます。

❶ こんなことがありました

るな先生

> コウタくんは、自分の好きなおもちゃをほかの子どもが使っていると、叩いたり噛んだりして取ろうとします。
> 注意したあとに、謝るようにさせていますが、改善されません。

❷ どうしてそうなっちゃうの?

> 言葉で気持ちを表現することが苦手なのかもしれません。
> 「おもちゃを使いたい」という気持ちを上手に伝えられず、叩くなどの行動が出てきてしまう可能性があります。

あかり先生

❸ こうしてみよう!

「かして」と言えるようにするなど、その場面でどうしたら気持ちを伝えられるのかを教えます。
そうやって、「叩く・噛む」の代わりとなる方法を身につけることでそのような問題行動は減っていきます。

❹ これは避けたほうがいいかも

叩いた相手に謝らせて終わりにするのは避けたほうがよいです。
「ごめん」などの意味もわからず、ただそれを言うだけになってしまったり、その言葉を言えば叩いてもよいと学習*してしまうかもしれません。
また、何度も同じ行動を繰り返してしまう子どもの場合、失敗して謝るというネガティブな体験を繰り返させるだけになってしまいます。

❺ ほかにこんなケースも

　言葉で伝えることができても、「叩いたり噛んだりすれば自分の要求が通る」という学習をしてしまったために、そのようなことをしている子どももいます。適切な行動をとったときだけ要求がとおり、叩いたりしても思い通りにはならないことが身につくように対応することが大切です。

❻ 演習課題

課題 1　この事例に関して、次のような場合あなたならどう対応するのか考えてみましょう。

・言葉を話すことが難しく、「かして」自体も言えない場合は、子どもがどのような行動を身につけるとよいでしょうか。

・実際には「かして」と表現できても、そのおもちゃを独り占めできるわけではありません。友だちと交代で使ったり時間がきたら片づけるなどのルールも身につけていく必要があります。子どもにそれをどのように教えていくとよいでしょうか。

```

```

課題 2　課題１の内容についてグループで話し合い、お互いの考えを共有しましょう。

```

```

プラスワン

三項随伴性(➡ 9コマ目を参照)では、「好きなおもちゃをほかの子どもが使っている」(弁別刺激)、「叩く・噛む」(オペラント行動)、「おもちゃを得られる」(後続結果)ととらえられる。このオペラント行動を「かしてという」に置き換えるようにする。

重要語句

学習

→心理学では、「どのような場面でどのような行動をとるとどのような結果が得られるのか」を身につけることを「学習」という。たとえば、子どもがお手伝いをして「おりこうさんだね」とほめられた場合、「お手伝いをすればほめてもらえる」と学習し、その後もお手伝いをしやすくなる。

15コマ目
支援事例

2 遊びのルールを守ることが難しい場合

マミちゃん（4歳・女児）のことで、こうた先生が悩んでいます。

❶ こんなことがありました

こうた先生

> マミちゃんは、鬼ごっこで鬼になったのに、ほかの子と一緒に逃げてしまいます。
> 「タッチする番だよ」と教えてもわかっていなくて、そのうち一人で別の遊びをしてしまいます。

❷ どうしてそうなっちゃうの？

> 追いかけられる役と鬼の役のように目に見えない「役割」をイメージしたり、複数の役割を区別して考えることが難しいのかもしれません。

❸ こうしてみよう！

> 役割をイメージできるように工夫してみましょう。イラストを使ってルールを説明したり、鬼になった子が鬼のワッペンをつけるなど、視覚的に役割がわかるようにしましょう。また、鬼という役割を理解していなくても、鬼のワッペンをほかの子に貼っていくゲームにすれば、マミちゃんが参加しやすくなるかもしれません。

❹ これは避けたほうがいいかも

> マミちゃんが間違えるたびにしつこく口頭でルールを伝えたり、注意ばかりするのは避けたほうがよいです。イメージできないことを繰り返し説明されても理解することはできません。
> ルールにこだわりすぎず、「皆と一緒に遊べて楽しい」と思えるような体験を大切にしてあげましょう。

プラスワン

たとえば、知的障害のある子ども（➡ 2コマ目を参照）はルールの理解が難しいため、意図せずルールを破ってしまうこともある。

❺ ほかにこんなケースも

　遊びのルールをわかっていても、勝ち負けに対するこだわりが強かったり、うまくいかないと激しく怒ってしまう子どももいます。ほかの子どもが勝つ場合もあることを事前に教えたり、勝ち負けがない遊びにしたりするなど工夫をしましょう。

❻ 演習課題

課題 1　ルールを理解することが難しい子どもがいるクラスで、どのような工夫ができるでしょうか。いすとりゲームやドッジボールなど集団の遊びを例に考えてみましょう。

課題 2　課題 1 の内容についてグループで話し合い、お互いの考えを共有しましょう。

15
コマ目

支援事例

3 製作の活動が難しい場合

カンタくん（5歳・男児）のことで、るな先生が悩んでいます。

❶ こんなことがありました

カンタくんは手先が不器用で、製作を嫌がります。絵をかく活動では、ぐちゃぐちゃにかいてクレヨンを放り出すし、ハサミを使う活動では、「やらない」と言います。

❷ どうしてそうなっちゃうの？

製作でうまくいった経験がほとんどなく、また失敗すると思ってるのかもしれません。

❸ こうしてみよう！

📝プラスワン

発達性協調運動症（➡7コマ目「ミニコラム」を参照）のある子どもは、製作以外でも着替えなどさまざまな場面で不器用さがみられる。スモールステップ（➡2コマ目を参照）などにより自信をつけながら身につけられるようにすることが大切である。

達成感を得やすいように、活動を工夫してみましょう。たとえば、線を1本かいたら完成できる絵にする、ハサミで1回切るだけでパーツを取れるようにするなど、達成までのステップを少なくするとよいでしょう。
また、クレヨンやハサミを使わなくてもすむように、パーツを貼るだけの活動でもよいでしょう。

❹ これは避けたほうがいいかも

何の配慮もしないまま、ただクレヨンやハサミなどを使うような苦手な活動を繰り返し練習させるのは避けたほうがよいでしょう。
子どもによっては練習しても上手にならず、苦痛を与えるだけになってしまうことがあります。むしろ、どうやったらスムーズにそれらのものを使えるようになるのかを工夫することが大切です。
たとえば、クレヨンやハサミは、片方の手でそれらを操りながらもう片方の手で紙を支えるという2つの動作が必要です。重りなどを使って紙を支えるようにすれば、スムーズにそれらの道具を使えるようになるかもしれません。

❺ ほかにこんなケースも

　お絵描きなどでは、そもそも何をかいたらよいのかをイメージできなかったり、どう取り組んだらよいのか手順がわからない子どももいます。どこに何をかくかを具体的に教えたり、本人の興味のあるものを題材とするなど工夫をしましょう。

❻ 演習課題

課題 1　手先が不器用な子どもは、製作以外にもどのような場面で、困難を示すかを考えてみましょう。また、その際にできる個別の配慮を考えましょう。

課題 2　課題1の内容についてグループで話し合い、お互いの考えを共有しましょう。

15
コマ目

支援事例

4 行事の流れをうまくイメージできない場合

モエちゃん（４歳・女児）のことで、こうた先生が悩んでいます。

❶ こんなことがありました

モエちゃんは、発表会などの行事に参加するのを嫌がって、園から出ていこうとします。無理に参加させようとしたら、泣き出してしまいました。
発表会があることは以前から伝えていたし、そのための練習もがんばっていました。

❷ どうしてそうなっちゃうの？

発表会当日はたくさんの人が見にくるので、いつもと違う雰囲気を感じ取ったのかもしれません。経験したことのない場面だと、見通しがもてないためとても不安を感じてしまう子どもがいます。

❸ こうしてみよう！

プログラム表に写真やイラストを使うなどイメージしやすいようにして、発表会当日の流れがつかめるように事前に説明しましょう。また、当日も、そのプログラム表を使って一緒に進行を確認すると、自分の出番までの気持ちの準備をしやすくなります。

プラスワン

特に自閉スペクトラム症のある子ども（➡6コマ目を参照）は、日課の変更で大きな不安を抱えやすい。

❹ これは避けたほうがいいかも

本人が不安を抱えている状態で、無理に行事に参加させるのは避けたほうがよいです。行事に対する嫌な経験が積み重なり、ますます参加意欲を失っていきます。また、そもそも参加させなかったり最初から見学だけとするのも、せっかくの参加の機会を失うことになりかねません。行事の内容の伝え方や、行事の内容そのものを見直すことで参加できるかもしれません。

❺ ほかにこんなケースも

> 　行事では、飾りや音楽などいつもより多くの刺激があります。それらの刺激によって、落ち着いて座っていられない子どももいます。気持ちを落ち着かせることができるような部屋を用意して、いつでもその部屋を利用できるようにするなど工夫をしましょう。

❻ 演習課題

課題1　口頭説明だけでは物事の流れをうまくイメージできない子どもに、運動会や音楽発表会などの行事の流れをどのように伝えたらよいでしょうか。実際にプログラム表をつくってみましょう。

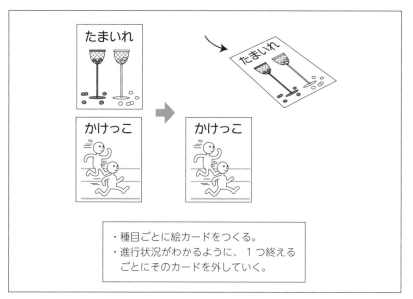

・種目ごとに絵カードをつくる。
・進行状況がわかるように、1つ終えるごとにそのカードを外していく。

課題2　グループで保育者役と子ども役に分かれ、課題1のプログラム表を使って行事の流れを説明してみましょう。また、子どもに伝えるためにはどのような説明をするとよいか、グループで話し合いましょう。

15コマ目

支援事例

193

5 自分から言葉を話すのが難しい場合

ナミちゃん（4歳・女児）のことで、るな先生が悩んでいます。

❶ こんなことがありました

> ナミちゃんは、園では全然お話をしてくれません。普段の様子から、保育者の言っていることは理解していると思います。保護者によると、家庭では普通にお話をしているみたいです。

❷ どうしてそうなっちゃうの?

> 場面緘黙（かんもく）のある子どもの場合、家庭では話せるけれど、保育所では話せないということがあります。強い不安や緊張を抱えていて、緘黙でいることで気持ちを安定させていると考えられます。

❸ こうしてみよう!

> 安心感をもてるような状況をつくることが大切です。そのために、本人が好きな活動を一緒にして、保育者との関係を築くとよいでしょう。また、話すことにこだわる必要はなく、うなずきや指さしなどを使って意思を伝えられるように工夫します。

> **プラスワン**
>
> 場面緘黙のある子ども（➡5コマ目を参照）との関わりでは、注意が必要な面もある。5コマ目の「関わり方の工夫」（63-64頁）を参考するとよい。

❹ これは避けたほうがいいかも

> 場面緘黙のある子どもに無理に言葉を出させようとするのは避けましょう。保育所は、本人が友だちと一緒に楽しめる場になることが大切です。
> 言葉を出すことが難しい子どものなかには、発音がはっきりしない子どもや、滑らかに話すことができない子どももいます。
> そのような場合も、上手に話すことにこだわらない方がいいです。

❺ ほかにこんなケースも

> 言葉を話すことだけでなく、言葉を聞いて理解することが難しい子どももいます。その場合、知的障害などほかの障害の可能性もあります。それぞれの子どもがどのようなところでつまずいているのかをよく見極めることが大切です。

❻ 演習課題

課題 1　「製作などの活動の手順を伝える」「どの色の折り紙がよいかを選ぶ」「絵本を読み聞かせる」などの場面で、場面緘黙のある子どもが言葉を話さなくても活動に参加し楽しめるようにするため、保育者はどのような配慮をするとよいでしょうか。

課題 2　課題1の内容についてグループで話し合い、お互いの考えを共有しましょう。

　遊びのルールを守ることが難しい場合

アツシくん（4歳・男児）のことで、こうた先生が悩んでいます。

❶ こんなことがありました

> アツシくんは、同じ服を数日着ていることが多いし、あまりお風呂にも入っていないみたい。保護者に言っても改善する様子がありません。経済的に大変な家庭だとは聞いています。それに、アツシくんは、友だちと関わるときに、少し乱暴な様子もあります。

❷ どうしてそうなっちゃうの？

> 経済的に大変な家庭の子どもは、保護者が仕事で忙しく、子どもだけで過ごすことも多いので、生活習慣が身についていないことがあります。
> また、保育所で不適切な行動が出てきてしまうのは、食欲などの生理面や安心・安全面が満たされず、自分自身を安定させるのに精いっぱいになっているのかもしれません。

❸ こうしてみよう！

> 保育所が安心・安全な生活の場となるように、子どもが大切にされている、守られていると感じられるような関わりをしましょう。また、遊園地や習い事など、ほかの子どもが経験してきていることが経験できていないことも多くあります。そのような経験不足や知識不足を補うように活動を工夫しましょう。そのほか、専門機関と連携し、家庭に対して就労支援・経済的支援などを行っていきます。

❹ これは避けたほうがいいかも

> 不適切な行動に対して頭ごなしに注意するのは避けましょう。安心・安全が確保されない状況では改善が困難ですし、子どもを苦しめるだけになります。また、保護者が置かれている状況を理解しないでアドバイスをすることも避けましょう。生活にゆとりがもてない状況では、保護者も保育者のアドバイスをきく余裕がない場合もあります。

📖 プラスワン

貧困家庭の子どもなど、生活課題を抱える家庭の子ども（➡8コマ目を参照）の保育では、①身につけておくべき基本的生活習慣を育てる、②社会的・文化的体験の不足を補うような遊びや活動を取り入れる、③大切にされているという感覚をもたせるなど、配慮が必要である。

❺ ほかにこんなケースも

> 　服装がいつも同じであったり、お風呂に入っていなかったりなど、保護者の養育が不十分である場合に、貧困ではなくネグレクトが疑われるケースもあります。ネグレクトとは虐待の一つであり、保護者が子どもに無関心で、食事や清潔などの必要な養育を怠っているような状態です。

❻ 演習課題

課題 1　貧困家庭の子どもは、貧困によるさまざまな経験の不足から、「自分だけ知らない」「自分だけできない」という感覚をもち、自分自身を肯定的にとらえられなくなることがあります。そのような子どもに日々の保育でどのような関わりをするとよいでしょうか。

課題 2　課題1の内容についてグループで話し合い、お互いの考えを共有しましょう。

15
コマ目

支援事例

演習課題の解答例

体験型・自主学習型以外の演習課題の解答例を提示します。
自分で考える際の参考にしましょう。

演習課題 の解答例

1コマ目の解答例

●17頁「事例をICFで考えてみよう」
①現状
・健康状態：発達の遅れ
・心身機能・身体構造：記憶の困難
・活動：手順を覚えることができない
・参加：製作などに参加できない
・環境因子：製作の説明を最初にまとめて行っている
・個人因子：わからないときに自分で質問できない
②改善案
・健康状態：発達の遅れ
・心身機能・身体構造：記憶の困難
・活動：手順を覚えることができない、手順をすぐ確認できると内容を理解できる
・参加：製作などの活動に参加できる
・環境因子：製作の説明を最初に行うだけではなく、その手順を写真にして子どもの近くに置いておく
・個人因子：製作を自分で完成できてうれしい

4コマ目の解答例

●55頁「視覚障害・聴覚障害がある子どもが一緒にできる活動を考えよう」
①視覚障害がある子どもの場合
　●活動の内容
　〈内容〉色つきの粘土を使って動物園をつくる
　〈手順〉
　・子どもたちがグループに分かれる
　・グループごとに、動物園にどんな動物がいるかを話し合い、それぞれの子どもがつくる動物を決める
　・つくった動物をグループごとに並べる
　・お互いのグループの動物を見せ合う
　●配慮のポイント
　・粘土を触って楽しむだけでなく、残った視力を使って見たいと思えるように、粘土の色や形の情報を視覚障害がある子どもに伝える
②聴覚障害がある子どもの場合
　●活動の内容
　〈内容〉おちたおちた（歌に合わせて手遊びをするゲーム）
　〈手順〉
　・保育者が「おーちた、おちた」と言い、子どもたちが「なーにがおちた？」と聞く
　・保育者が落ちたものの名称を言い、それに合わせて子どもたちがジェスチャーをする
　　（例：「りんご」→りんごをキャッチする、「げんこつ」→頭をおさえる）
　●配慮のポイント
　・聴覚障害がある子どもにものの名称が伝わるように、口の動きをはっきりと見せる

5コマ目の解答例

●65頁「言語障害のある子どもへの関わり方を考えよう」
演習テーマ1「考えてみよう」
①製作活動は、大きな集団では不安が高くなるので、仲のよい友だちとのペアや小さなグループで進めると

よい。活動は興味のある楽しい活動であること、場面緘黙のある子どもが無理に話さないで済むもののやりとりや作業を割り当てるなど、発話以外の役割を保障することが大切である。

②音楽活動では、タンバリン、太鼓、鈴、マラカスなど容易に音の出る打楽器などを、友だちと交互に打ち鳴らす音遊びや、音楽に合わせて手拍子や足踏みなど簡単な動作をする音遊びには参加しやすい。歌を歌うときには無理強いせず、合奏では対象の子どもの希望を大切して楽器選びをするとよい。

③給食では、仲のよい友だちや親しい保育者の近くになるよう席を工夫する。人前で食事をとることに不安を感じ、クラスでの食事が困難な子どもの場合は、子どもが安心して食べられるコーナーや別室などの確保、時間をずらす、衝立を使うなどの工夫をするとよい。また、保護者と連携し、園での対応をともに考えることも大切である。

④自由遊び場面では、場面緘黙の子どもが孤立しないよう、無理強いしない程度に親しい友だちとの遊びに誘うとよい。子どもが興味をもつ遊びで、思わず笑いや声がでてしまうようなにぎやかで動きのあるゲームなどを工夫するとよい。ものを介して相互交流ができるような遊び（探しものゲーム、交換遊び、おままごとなど）や、口のまわりが緊張しやすいため楽しい雰囲気のなかで、口で吹く遊び（シャボン玉、ピンポン、笛など）を取り入れてもよい。

6コマ目の解答例

●77頁「事例について考えよう①」

①1）振り向くこともなくひとりごとを言っていました。

2）少し宙を見上げるような視線で「次は駒込〜。山手線…は乗り換えです」と構内アナウンスをつぶやきながらその場を離れていきました。

②1）年齢は記載されていないが、子どもたちは集団遊びを展開しており、他児が一人でいることに気づくくらいの年齢である。であれば、他児からの声かけに対しては、返事をする、嫌だという意思表示をする、といったようにその子に向けた何らかのコミュニケーションが生じるはずである。しかし、マサシくんには生じていない。これは、ASDの特性であるコミュニケーションの障害であると推察される。

2）1）と同様に、誘いかけた他児に向かう方向性も適切な返事もみられず、ASDの特性であるコミュニケーションの障害であると推察される。

③保育者としては、マサシくんの状態を周囲の子どもたちに説明をする。その際に、「お返事しないね」というような表現ではなく、「今は、ほかのことがやりたいんだよ」というような、マサシくんの言動に対して周囲の子どもたちが否定的にとらえることがない言葉かけを行う。また、3歳児でもASDのある子どもが他児の言動などに興味を示して関わることはあるので、そうした場面ではお互いのコミュニケーションを橋渡しする。

●78頁「事例について考えよう②」

①ハンバーグの見た目が受け入れ難く、こだわりのために強く拒んでいると考えられる。また、感覚異常のために、ハンバーグの味や食感に強い抵抗があることも考えられる。

②見た目へのこだわりであれば、ハンバーグを細かくするなどの工夫をしてみる。感覚異常に対しては、保護者とも相談し、食べられないものをあらかじめ残すことができる手続きを入れることも考えられる。

③まわりの子どもたちの関係で課題となるのは、「食べなくてはいけない」というルールである。まずはそうしたルールが子どもたちに無理な言動を求めることになっていないか見直してみる。そのうえで「ハンバーグ食べられる子は、おいしいって思うでしょ。でもユウイチくんは食べると気持ち悪くなってしまうんだよ」など、周囲の子どもが否定的にとらえることがないような説明を行う。

7コマ目の解答例

●88頁「子どもの事例について考えよう」

①1）ユウタくんだけはまだ花壇で虫を見ていました。

２）保育者の手がゆるんだすきに、パッと手を振り払って花壇に戻ってしまいました。

②１）遊びを中断して教室に入ることが苦手な子どもはいるが、事例にあるようにユウタくんだけが残っている状況が気になる。こうした状態を説明するのであれば、「不注意」である。遊びに向かう注意を教室の活動へと切り替えていくことの困難さが表れていると考えられる。

　２）保育者とともに教室へ行くことは、多くの幼児にとって楽しく、喜んで行動する場面である。そうした場面であってもパッと花壇に戻る行動は、それまでの流れや保育者からの指示から急激に変化するもので「多動・衝動性」の症状であると考えられる。

③（保育の課題の例）虫を探す遊びからの切り替え

　課題

　１）切り替えられることを実感できるようにする

　２）切り替えることを予測するようになる

　３）今よりもスムーズに切り替えができるようになる

　課題に対応する実践方法

　１）虫を探す場面以外の機会で、切り替えができているときに、ほめて自信をもたせていく

　２）虫を探す場面で教室に戻る前に声をかけて見通しを与える、また、ほかの場面でも見通しをもてるような声かけを行う

　３）皆が教室に入ったあとなどのユウタくんが最も切り替えがしやすいタイミングを見つけ、それを保育者間で共有し、切り替えの成功率をあげる。また、切り替えができた際には十分にほめていく

④１）現在取り組んでいる課題として伝える

　２）課題に対して保育者として取り組んでいることや結果を伝える

　３）ほかのことも含めて成長・発達の見られている点を伝える。伝える前に保護者の状況について評価し、保護者に余裕がないときや関係性に問題が見られる場合には、伝えることを保留することも検討する

10コマ目の解答例

●128-129頁「個別の指導計画を作成しよう」

図表10-6　指導計画の作成の様式および解答例

〈様式〉

目標	園で友だちと一緒に楽しく遊ぶことができる。 うまくいかないときに気持ちをコントロールしようとする。
子どもの姿	友だちに少しずつ関心を示すようになっているが、ルールのある遊びが苦手で一緒に遊ぶことが難しい。また、手指に力が入りにくく手を使った操作に苦さがある。うまくいかないときに感情をコントロールすることが難しい。

		短期目標	援助方法・配慮事項
基本的生活習慣	食事	スプーンで運ばなくてもよいように、おかずが入った器を口に近づけて食べる。	男児がスプーンで食べやすいように、器をもつのは保育者が男児と一緒に行う。
	排泄	寝る前にトイレに行く習慣をつける。	午睡の前にトイレに行くよう声をかける。
	着脱	着替えに興味をもてるように、達成感を経験する。	あと少しでできるところまで保育者が援助し、残りを男児が自分で取り組むようにする。
	その他	歯磨きに興味をもつ。	好きなキャラクターのシールを歯ブラシに貼るなどして、興味をもてるようにする。

発達	健康	散歩コースのうちどこが危険かがわかる。	散歩に行く前に危険な場所について確認する。
	運動	負担にならない範囲で手指を使った活動を経験する。	あと少しでできるところまで保育者が援助し、残りを男児が自分で取り組むようにする。
	遊び	遊びのルールに興味をもち、友だちと遊ぶことができる。	男児が理解しやすいように、遊びのルールを変更したり、視覚的にルールを理解できるように工夫する。
	コミュニケーション	簡単な言葉や視覚的な手がかりをとおして他者の話を理解する。	男児が理解しやすいように、短い文章でゆっくりと視覚的な手がかりを使いながら伝える。
	社会性	怒ったり泣いたりする前に気持ちを落ち着けるようにする。	感情的になりそうなときに声をかける。

11コマ目の解答例

●147頁「障害を主体的にとらえるとは何かを考えよう」

①主体的にとらえるとは、他人事としてではなく自分のこと（自分事）としてとらえることである。事例の障害児を預かった母親は、これまで障害児をかわいそうと思っていたことや、障害児の家族を自分とは遠い存在としてとらえていたことに気づいた。当事者でなければわからない障害児の子育ての困難や喜びがあることがわかった。そして、それを当事者である母親へ正直に伝えたことで、障害児の母親は自分の立場に深く共感し、ともに考えてくれたことに心を動かされたのだと考えられる。

②障害のある子どもの保護者が参加しやすく、ほかの保護者と交流・親睦が深まる場や企画であるとよい。そのためには事前の入念な打ち合わせが重要となる。

保護者の理解を深める工夫の例：

１）場所づくり

・保護者会の活動支援として、保護者同士が交流しやすい場や機会の設定をする（例：コーナーづくり、保護が話せる部屋の提供など）

・一日の保育を掲示する場の工夫（例：掲示の文字や写真を大きくして複数の人が一緒に見ることができるようにすることで会話が生まれやすくする、掲示の周辺に椅子やテーブルを設置して、保護者同士が交流できる場を提供するなど）

・絵本の貸し出しコーナーに、障害理解や共生に関する絵本を置く

２）機会づくり

・保育所等では、懇談会、行事、親子活動などの活動に、障害のある子どもと保護者が気軽に参加できるよう、事前に配慮事項を検討して機会を設定している。保護者同士が日常の話をしたり、悩みを共有したりする機会をつくるとよい。

・保護者が一緒に作業する機会（例：農作物の収穫やごはんを作って食事会など）も交流が深まる

・親子活動では、子どもの障害特性を配慮し、障害児とその親が活動に参加しやすい工夫をする（例：肢体不自由児の場合は、移動が少なく楽しめる活動、言語障害児や知的障害児の場合は、言葉を発しなくても参加できる活動、ADHDのある子どもの場合は、運動遊びなど動きの多い活動の企画、子どもが多動でも親子で参加できるように支援する保育者の配置、一定時間親と子どもが分かれて活動できる活動などの企画など。ASDのある子どもの場合は、虫・車・天体など特に興味のあるものを取り入れた活動の企画や、キラキラしたもの、ふわふわしたもの、水など好みの視覚や感触を取り入れた遊びなど）

参考文献

1 コマ目

国立特殊教育総合研究所・世界保健機関編著 『ICF（国際生活機能分類）活用の試み──障害のある子どもの支援を中心に』 ジアース教育新社 2005年

西村重稀・水田敏郎編 『障害児保育』 中央法規出版 2019年

浜谷直人・芦澤清音・五十嵐元子・三山岳 『多様性がいきるインクルーシブ保育──対話と活動が生み出す豊かな実践に学ぶ』 ミネルヴァ書房 2018年

2 コマ目

厚生労働省 「知的障害児（者）基礎調査　平成17年度」 2005年

西村重稀・水田敏郎編 『障害児保育』 中央法規出版 2019年

森則夫・杉山登志郎・岩田泰秀編著 『臨床家のためのDSM-5 虎の巻』 日本評論社 2014年

3 コマ目

日本リハビリテーション工学協会・「重度障害者用意思伝達装置」導入ガイドライン検討委員会編 『「重度障害者用意思伝達装置」導入ガイドライン──公正・適切な判定のために』 日本リハビリテーション工学協会 2020年

保育所における医療的ケア児への支援に関する研究会 「保育所での医療的ケア児受け入れに関するガイドライン」 2021年

4 コマ目

西村重稀・水田敏郎編 『障害児保育』 中央法規出版 2019年

藤永保 監修、村田カズ著者代表 『障害児保育──子どもとともに成長する保育者を目指して』 萌文書林 2018年

武藤久枝・小川英彦編著 『障害児の保育・教育』 建帛社 2018年

5 コマ目

石部元雄・上田征三・高橋実・柳本雄次編 『よくわかる障害児教育（第4版）』 ミネルヴァ書房 2020年

A.コトルバ／丹明彦監訳、青柳宏亮・宮本奈緒子・小暮詩織訳 『場面緘黙の子どものアセスメントと支援──心理師・教師・保護者のためのガイドブック』 遠見書房 2019年

西村実穂・徳田克己編 『こうすればうまくいく！　医療的配慮の必要な子どもの保育──30の病気の対応ポイントがわかる！』 中央法規出版 2017年

日本言語障害児教育研究会編著 『基礎からわかる言語障害児教育』 学苑社 2017年

American Psychiatric Association ／日本精神神経学会日本語版用語監修、髙橋三郎・大野裕監訳 『DSM-5 精神疾患の分類と診断の手引』 医学書院 2014年

6 コマ目

アメリカ小児科学会編、岡明・平岩幹男翻訳監修 『Autism 自閉症スペクトラム障害──一般小児科医・療育関係者のためのガイドブック』 日本小児医事出版社 2017年

田中康雄 『イラスト図解　発達障害の子どもの心と行動がわかる本』 西東社 2014年

東田直樹 『自閉症の僕が跳びはねる理由──会話のできない中学生がつづる内なる心』 エスコアール 2007年

増南太志・山本智子編著 『よくわかる障害児保育』 大学図書出版 2017年

宮本信也監修、主婦の友社編 『じょうずなつきあい方がわかる　自閉症スペクトラム（アスペルガー症候群）の本』 主婦の友社　2015年

森則夫・杉山登志郎・岩田泰秀編著 『臨床家のためのDSM-5 虎の巻』 日本評論社　2014年

American Psychiatric Association／日本精神神経学会日本語版用語監修、髙橋三郎・ 大野裕監訳 『DSM-5 精神疾患の分類と診断の手引』 医学書院　2014年

Susan L. Hyman, Susan E. Levy, Scott M. Myers and COUNCIL ON CHILDREN WITH DISABILITIES, SECTION ON DEVELOPMENTAL AND BEHAVIORAL PEDIATRICS (2020) "Identification, Evaluation, and Management of Children With Autism Spectrum Disorder," *Pediatrics*, 145（1）, DOI: https://doi.org/10.1542/peds.2019-3447

7 コマ目

伊藤健次編 『新・障害のある子どもの保育』 みらい　2016年

ADHDの診断・治療指針に関する研究会・齊藤万比古編 『注意欠如・多動症—ADHD—の診断・治療ガイドライン（第4版）』 じほう　2016年

岡明翻訳監修 『ADHDと多動性障害——ADHDと多動性障害の臨床像・診断評価・治療のハンドブック』 日本小児医事出版社　2019年

A. タパー・D.パイン・J.レックマンほか編／長尾圭造・氏家武・小野善郎・吉田敬子監訳 『ラター　児童青年精神医学（原書第6版）』 明石書店　2018年

American Psychiatric Association／日本精神神経学会日本語版用語監修、橋三郎・ 大野裕監訳 『DSM-5 精神疾患の分類と診断の手引』 医学書院　2014年

8 コマ目

岡上直子 「外国人幼児の受け入れにおける現状と課題について」 幼児教育の実践の質向上に関する検討会 「幼児教育の実践の質向上に関する検討会（第7回）資料」 2019年

奥山眞紀子・西澤哲・森田展彰編 『虐待を受けた子どものケア・治療』 診断と治療社　2012

亀岡智美 「トラウマの適切なアセスメントとストレスマネジメント」『発達』 37（145）　2016年　29-33頁

F. グロジャン／西山教行監訳、石丸久美子・大山万容・杉山香織訳 『バイリンガルの世界へようこそ——複数の言語を話すということ』 勁草書房　2018年

子どもの貧困白書編集委員会編 『子どもの貧困白書』 明石書店　2009年

卜田真一郎 「日本における多文化共生保育研究の動向」『Educare』33　2013年　13-33頁

西澤哲 『子どもの虐待——子どもと家族への治療的アプローチ』 誠心書房　1994年

日本保育協会 『保育の国際化に関する調査研究報告書　平成20年度』 日本保育協会　2009年

宮本信也 『乳幼児から学童前期のこころのクリニック——臨床小児精神医学入門ダイナミックな世界と発達』 安田生命社会事業団　1995年

吉田幸恵・山縣文治編著 『新版　よくわかる子ども家庭福祉』 ミネルヴァ書房　2019年

9 コマ目

伊藤健次編 『新・障害のある子どもの保育』 みらい　2016年

酒井幸子・守巧 『事例でわかる "気になる子" と育ち合うインクルーシブな保育——多様性を認め合い、みんなが伸びるクラスづくり』 チャイルド本社　2019年

下山晴彦編集代表 『誠信　心理学辞典（新版）』 誠信書房　2014年

辻井正次監修、明翫光宜編集代表、松本かおり・染木史緒・伊藤大幸編 『発達障害児者支援とアセスメントのガイドライン』 金子書房 2014年

前田泰弘編著、立元真・中井靖・小笠原明子 『実践に生かす障害児保育・特別支援教育』 萌文書林 2019年

10コマ目

厚生労働省編 『保育所保育指針解説 平成30年3月』 フレーベル館 2018年

独立行政法人国立特殊教育総合研究所 「『個別の教育支援計画』の策定に関する実際的研究」 2006年

内閣府 『令和2年版 障害者白書』 2020年

11コマ目

柏女霊峰・橋本真紀編著 『保育相談支援 第2版』 ミネルヴァ書房 2016年

厚生労働省編 『保育所保育指針解説』 フレーベル館 2018年

玉井邦夫 『エピソードで学ぶ 子どもの発達と保護者支援——発達障害・家族システム・障害受容から考える』 明石書店 2018年

中田洋二郎 『子どもの障害をどう受容するか——家族支援と援助者の役割』 大月書店 2002年

Drotar, A Baskiewicz, N Irvin, J Kennell, M Klaus (1975) "The adaptation of parents to the birth of an infant with a congenital malformation: a hypothetical model," *Pediatrics*, 1, 56 (5), 710−717.

12コマ目

石部元雄・上田征三・高橋実・柳本雄次編 『よくわかる障害児教育 第4版』 ミネルヴァ書房 2020年

厚生労働省 「障害児支援について」 2015年

https://www.mhlw.go.jp/file/05-Shingikai-12601000-Seisakutoukatsukan-Sanjikanshitsu_Shakaihoshoutantou/0000096740.pdf（2021年7月29日確認）

厚生労働省 「医療的ケアが必要な児童への支援の充実に向けて」 2017年

https://www.mhlw.go.jp/file/06-Seisakujouhou-12200000-Shakaiengokyokushougaihokenfukushibu/0000180993.pdf（2021年7月29日確認）

全国社会福祉協議会 『障害福祉サービスの利用について』 2018年

https://www.mhlw.go.jp/content/12200000/000501297.pdf（2021年7月29日確認）

内閣府 『令和元年版 発達障害白書』 2020年

13コマ目

秋田喜代美・第一日野グループ編著 『保幼小連携 育ちあうコミュニティづくりの挑戦』 ぎょうせい 2013年

内山登紀夫監修、温泉美雪 『「発達障害?」と悩む保護者のための気になる子の就学準備』 ミネルヴァ書房 2015年

三浦光哉編著 『5歳アプローチカリキュラムと小1スタートカリキュラム——小1プロブレムを予防する保幼小の接続カリキュラム』 ジアース教育新社 2017年

文部科学省初等中等教育局特別支援教育課 「教育支援資料——障害のある子供の就学手続と早期からの一貫した支援の充実」 2013年

https://www.mext.go.jp/content/20201106-mxt_tokubetu02-000010819_11.pdf（2021年7月29日確認）

14コマ目

厚生労働省　「今後の障害児支援の在り方について（報告書）──『発達支援』が必要な子どもの支援はどうあるべきか」2014年

総務省　「発達障害者支援に関する行政評価・監視──結果報告書」　2017年

https://www.soumu.go.jp/main_content/000458776.pdf（2021年7月29日確認）

西岡絹代・佐々木順二　「熊本県における発達障害の早期発見・早期支援に向けた乳幼児健康診査とフォロー体制──保健師と保育所・幼稚園との連携に焦点を当てて」『心理・教育・福祉研究：紀要論文集』(19)　2020年　61-76頁

堀智晴　「インクルーシブ保育の意義とその実践上の課題」『保育学研究』(55)　2017年　84-99頁

15コマ目

田中康雄　『イラスト図解　発達障害の子どもの心と行動がわかる本』　西東社　2014年

武藤久枝・小川英彦編著　『障害児の保育・教育』　建帛社　2018年

索 引

　監修者、執筆者紹介

●監修者

松本峰雄(まつもと　みねお)

元千葉敬愛短期大学現代子ども学科教授
『保育者のための子ども家庭福祉』(萌文書林)
『教育・保育・施設実習の手引』(編著・建帛社)
『はじめて学ぶ社会福祉』(共著・建帛社)

●編著者

増南太志(ますなみ　たいじ)

1、2、4、10、14、15コマ目を執筆
埼玉学園大学人間学部教授
保育士
『発達障害の理解と支援のためのアセスメント』(共著・日本
文化科学社)
『より深く理解できる施設実習』(共著・萌文書林)

●執筆者(50音順)

石川慶和(いしかわ　よしかず)

3コマ目を執筆
静岡大学教育学部准教授

丹羽健太郎(にわ　けんたろう)

6～9コマ目を執筆
椙山女学園大学教育学部准教授
公認心理師　薬剤師
『よくわかる障害児保育』(共著・大学図書出版)

野澤純子(のざわ　じゅんこ)

5、11～13コマ目を執筆
東京家政大学子ども学部教授
公認心理師　臨床発達心理士　保育士
『よくわかる障害児教育』(共著・ミネルヴァ書房)
『こうすればうまくいく!　医療的配慮の必要な子どもの保育』
(中央法規出版)

編集協力:株式会社桂樹社グループ
表紙イラスト:植木美江
イラスト:植木美江、寺平京子
装丁・デザイン:中田聡美

よくわかる！保育士エクササイズ⑨

障害児保育 演習ブック

2021 年 9 月 30 日　初版第 1 刷発行　　　　　　　　〈検印省略〉

定価はカバーに
表示しています

監 修 者	松	本	峰	雄
編 著 者	増	南	太	志
発 行 者	杉	田	啓	三
印 刷 者	藤	森	英	夫

発行所　株式会社　ミネルヴァ書房

607-8494　京都市山科区日ノ岡堤谷町 1
電話代表 (075) 581 - 5191
振替口座 01020 - 0 - 8076

©松本・増南, 2021　　　　　　　　　　　亜細亜印刷

ISBN978-4-623-09068-6

Printed in Japan

よくわかる！
保育士エクササイズ

B5判／美装カバー

☆別巻DVD☆

乳幼児を理解するための保育の観察と記録
学校法人西大和学園　白鳳短期大学 監修　　　　　本体25000円＋税

ミネルヴァ書房
https://www.minervashobo.co.jp/